Reisen

Reisen

Gedichte

Herausgegeben von Vanessa Greiff

Reclam

RECLAMS UNIVERSAL-BIBLIOTHEK Nr. 19528
2018 Philipp Reclam jun. Verlag GmbH,
Siemensstraße 32, 71254 Ditzingen
Druck und Bindung: Kösel GmbH & Co. KG,
Am Buchweg 1, 87452 Altusried-Krugzell
Printed in Germany 2020
RECLAM, UNIVERSAL-BIBLIOTHEK und
RECLAMS UNIVERSAL-BIBLIOTHEK sind eingetragene Marken
der Philipp Reclam jun. GmbH & Co. KG, Stuttgart
ISBN 978-3-15-019528-4
www.reclam.de

Inhalt

I Aufbruch

Dahin! Dahin / Geht unser Weg!

II Unterwegssein

Es riecht wie Welt

III Kompass

marmoriert in allen Weltfarben

IV Grenzen und Horizonte

Wirf dich ins Weite, wirf dich ins Leere,
Nur Ferne gewinnt dich dir selber zurück!

Anhang

I Aufbruch

Dahin! Dahin / Geht unser Weg!

ULLA HAHN

Reisesegen

Fahr weiter mit mir mein Gefährte spring
nicht ab aus der Zeit weils zu schnell geht
zu langsam die Brücken vermint die
Straßen eben noch fest reißende Flüsse sind
Weils dir schöner scheint im Schatten
genügsam ein Pflüger zu sitzen setz
dich nicht fest in der Zeit. Glaub mir
wir werden in dieser Richtung vorwärtskommen
Hab keine Angst ich versprech dir wir kommen
niemals ans Ziel.

JOHANN WOLFGANG GOETHE

Reise-Segen

Derselben[1]

Sei die Zierde des Geschlechts! –
Blicke weder links noch rechts;
Schaue von den Gegenständen
In Dein Innerstes zurück;
Sicher traue Deinen Händen,
Eignes fordre, Freundes Glück.

1 Die Widmung bezieht sich auf Julie Gräfin Egloffstein (1792–1869), die Goethe 1795 kennenlernte.

Einladung zur Reise[2]

Meine schwester mein kind!
Denk dir wie lind
Wär es dorthin zu entweichen!
Liebend nur sehn
Liebend vergehn
In ländern die dir gleichen!
Der sonnen feucht
Verhülltes geleucht
Die mir so rätselhaft scheinen
Wie selber du bist
Wie dein auge voll list
Das glitzert mitten im weinen.

Dort wo alles friedlich lacht –
Lust und heiterkeit und pracht.

Die möbel geziert
Durch die jahre poliert
Ständen in deinem zimmer
Und blumen zart
Von seltenster art
In ambraduft und flimmer.
Die decken weit
Die spiegel breit
In Ostens prunkgemache
Sie redeten dir
Geheimnisvoll hier
Die süsse heimatsprache.

2 Nachdichtung eines Gedichts aus Charles Baudelaires Sammlung *Die Blumen des Bösen* (*L'invitation au voyage* in: *Les fleurs du Mal*, 1901).

Dort wo alles friedlich lacht –
Lust und heiterkeit und pracht.

Sieh im kanal
Der schiffe zahl
Mit schweifenden gelüsten!
Sie kämen dir her
Aufs kleinste begehr
Von noch so entlegenen küsten.
Der sonne glut
Ersterbend ruht
Auf fluss und stadt und die ganze
Welt sich umspinnt
Mit gold und jazint
Entschlummernd in tief-warmem glanze.

Dort wo alles friedlich lacht –
Lust und heiterkeit und pracht.

LUDWIG UHLAND

Auf die Reise

Um Mitternacht, auf pfadlos weitem Meer,
Wann alle Lichter längst im Schiff erloschen,
Wann auch am Himmel nirgends glänzt ein Stern,
Dann glüht ein Lämpchen noch auf dem Verdeck,
Ein Docht, vor Windesungestüm verwahrt,
Und hält dem Steuermann die Nadel hell,
Die ihm untrüglich seine Richtung weist:
Ja, wenn wir's hüten, führt durch jedes Dunkel
Ein Licht uns, stille brennend in der Brust.

CARL ZUCKMAYER

Elegie von Abschied und Wiederkehr

Ich weiß, ich werde alles wiedersehn.
Und es wird alles ganz verwandelt sein,
Ich werde durch erloschne Städte gehn,
Darin kein Stein mehr auf dem andern Stein –
Und selbst wo noch die alten Steine stehen,
Sind es nicht mehr die altvertrauten Gassen –
Ich weiß, ich werde alles wiedersehen
Und nichts mehr finden, was ich einst verlassen.

Der breite Strom wird noch zum Abend gleiten.
Auch wird der Wind noch durch die Weiden gehn.
Die unberührt in sinkenden Gezeiten
Die stumme Totenwacht am Ufer stehn.
Ein Schatten wird an unsrer Seite schreiten
Und tiefste Nacht um unsre Schläfen wehn –
Dann mag erschauernd in den Morgen reiten,
Wer lebend schon sein eignes Grab gesehn.

Ich weiß, ich werde zögernd wiederkehren,
Wenn kein Verlangen mehr die Schritte treibt.
Entseelt ist unsres Herzens Heimbegehren,
Und was wir brennend suchten, liegt entleibt.
Leid wird zu Flammen, die sich selbst verzehren,
Und nur ein kühler Flug von Asche bleibt –
Bis die Erinnrung über dunklen Meeren
Ihr ewig Zeichen in den Himmel schreibt.

Abreise

So hab ich nun die Stadt verlassen,
Wo ich gelebet lange Zeit;
Ich ziehe rüstig meiner Straßen,
Es gibt mir niemand das Geleit.

Man hat mir nicht den Rock zerrissen,
(Es wär' auch schade für das Kleid),
Noch in die Wange mich gebissen
Vor übergroßem Herzeleid.

Auch keinem hat's den Schlaf vertrieben,
Dass ich am Morgen weiter geh';
Sie konnten's halten nach Belieben,
Von *einer* aber tut mir's weh.

An H. L. zur Fahrt übers Weltmeer
1849

Glück auf die Reise! Pilgre fort!
Es lockt dich weg mit Wunderklängen,
Die weite Welt sie lockt dich fort
Vom Vaterhaus, dem stillen engen.

Geh, Sohn! Viel Schönes wirst du schaun
In neuen Toren, neuen Gattern,
Auch bunte Schlösser gnug dir baun,
Die spanischen Schlössern gleich zerflattern.

Doch horch, vernimm mein letztes Wort:
Von allen jenen Zauberglocken,
Die rastlos weg von Ort zu Ort
Den lebenslüsternen Jüngling locken,

Tönt endlich klagend durch ein Ton
Wie aus der Erde fernsten Enden,
Ein Klang der Sehnsucht, dir, o Sohn,
Die Eingeweide umzuwenden.

Zurück zur Heimat klingt der Klang,
Zurück zum engen Vaterhause,
Dir wird in weiter Welt so bang,
Du sehnst dich nach der stillen Klause.

O bringst du dann dein ganzes Herz
Noch mit aus wildem Weltgewimmel,
So wär dein Pilgern froher Scherz,
Ein Spiel auf Erden hin zum Himmel.

THEODOR KRAMER

Abschied von einem ausreisenden Freund

Meinem Freund, der seinen Paß schon hatte,
gab ich gestern das Geleit zur Bahn;
unsre Hände waren wie aus Watte,
als wir tief uns in die Augen sahn.
Dreimal winkte er mir aus dem Wagen,
und ich winkte stumm ihm wie erschlagen:
denn ich selber war noch immer hier.

Aus der Halle fuhr mit ein paar Pfiffen
schon der Zug mit ihm, er reiste aus;
doch ich hatte es noch nicht begriffen,
ging vom Bahnsteig wie betäubt nach Haus.
So als säß er, wo er oft gesessen,
war mir, und mir mundete kein Essen:
denn ich selber war noch immer hier.

Hinter den vertrauten Fensterläden
immer noch vermeinte ich den Mann,
und ich rief ihn, um mit ihm zu reden,
heute zur gewohnten Stunde an.
Aus der Muschel kam ein kleines Knacken,
und ein Schauer lief mir durch den Nacken:
denn ich selber war noch immer hier.

feldpostkarte

die karte zeigt den berliner dom, gesehen von der
schloßbrücke, fotograf wird nicht genannt. freitag,
fünfter november '43, kurz vor abfahrt unseres zuges

will ich dir rasch noch grüße schicken. wir haben uns
heute berlin angesehen, was es so zu sehen gibt. ich bin
so voll leid. mir träumte heut nacht, du tätest mir sterben.

denkt an mich u. schickt mir briefe. käse, wurst u. was
ihr sonst noch habt. den kuchen habe ich gleich gegessen.
ich bin hier bei einer nachrichtenstaffel. man kann auf der

stube radio hören. ich beherrsche den feldfunksprecher
u. das feldfunkgerät d 2. mutter, jetzt muß ich schließen.
nicht ohne großmutter innig zu grüßen. ich gehe mit ihr

kaffee trinken in düsseldorf bei café heinemann u. dann
erzähl ich von den krimtataren. bitte, mutter, schreibe
mir briefe. erscheine mir doch noch einmal im schlaf.

mutter, jetzt muß ich wirklich schließen. ich bleibe
treu u. brav .. normale schreibschrift, mit bleistift
geschrieben. poststempel vom folgenden tag.

AUGUST HEINRICH HOFFMANN VON FALLERSLEBEN

Der schwere Abschied

1836

»Hörst du nicht die Trommel schlagen?
Auf die Schulter das Gewehr!«
Lass mich, lass mich Abschied sagen,
Denn es quält mich gar zu sehr.

»Morgen gibt's ein ander Städtchen,
Morgen weht ein andrer Wind.
Unser Leben, unsre Mädchen,
Beides ändert sich geschwind.«

Nein, ich kann's nicht mehr ertragen –
Bruder, halt mir das Gewehr!
Nur noch Abschied will ich sagen,
Noch einmal und dann nicht mehr. –

Und er durfte nicht mehr kommen;
Vorwärts marsch! rief der Major.
Lebe wohl! ich hab's vernommen –
Und so ging's hinaus zum Tor.

Und wie sie zur Schlacht gezogen,
Stand mein Schatz im ersten Glied;
Eine Kugel kam geflogen,
Traf sein Herz, er sank und schied.

Nicht lange wird der schöne Fremde säumen.
Die Wärme naht, die Ewigkeit beginnt.
Die Königin erwacht aus langen Träumen,
Wenn Meer und Land in Liebesglut zerrinnt.
Die kalte Nacht wird diese Stätte räumen,
Wenn Fabel erst das alte Recht gewinnt.
In Freyas Schoß wird sich die Welt entzünden
Und jede Sehnsucht ihre Sehnsucht finden.

JOHANN WOLFGANG GOETHE

Dieselbe[3]

Nur, wer die Sehnsucht kennt,
Weiß, was ich leide!
Allein und abgetrennt
Von aller Freude,
Seh ich ans Firmament
Nach jener Seite.
Ach, der mich liebt und kennt;
Ist in der Weite.
Es schwindelt mir, es brennt
Mein Eingeweide.
Nur, wer die Sehnsucht kennt,
Weiß, was ich leide!

3 Gemeint ist Mignon, eine Figur aus Goethes Roman *Wilhelm Meisters Lehrjahre* (1795/96), dem dieses Gedicht entnommen ist. Im Roman trägt Mignon dieses Gedicht vor.

FRIEDRICH SCHILLER

Sehnsucht

Ach, aus dieses Tales Gründen,
Die der kalte Nebel drückt,
Könnt' ich doch den Ausgang finden,
Ach wie fühlt' ich mich beglückt!
Dort erblick' ich schöne Hügel,
Ewig jung und ewig grün!
Hätt' ich Schwingen, hätt' ich Flügel,
Nach den Hügeln zög ich hin.

Harmonieen hör' ich klingen,
Töne süßer Himmelsruh,
Und die leichten Winde bringen
Mir der Düfte Balsam zu,
Gold'ne Früchte seh ich glühen
Winkend zwischen dunkelm Laub,
Und die Blumen, die dort blühen,
Werden keines Winters Raub.

Ach wie schön muss sich's ergehen
Dort im ew'gen Sonnenschein,
Und die Luft auf jenen Höhen
O wie labend muss sie sein!
Doch mir wehrt des Stromes Toben,
Der ergrimmt dazwischen braust,
Seine Wellen sind gehoben,
Dass die Seele mir ergraust.

Einen Nachen seh ich schwanken,
Aber ach! der Fährmann fehlt.
Frisch hinein und ohne Wanken,
Seine Segel sind beseelt.

Du musst glauben, du musst wagen,
Denn die Götter leihn kein Pfand,
Nur ein Wunder kann dich tragen
In das schöne Wunderland.

JOSEPH VON EICHENDORFF

Es schienen so golden die Sterne,
Am Fenster ich einsam stand
Und hörte aus weiter Ferne
Ein Posthorn im stillen Land.
Das Herz mir im Leib entbrennte,
Da hab ich mir heimlich gedacht:
Ach, wer da mitreisen könnte
In der prächtigen Sommernacht!

Zwei junge Gesellen gingen
Vorüber am Bergeshang,
Ich hörte im Wandern sie singen
Die stille Gegend entlang:
Von schwindelnden Felsenschlüften,
Wo die Wälder rauschen so sacht,
Von Quellen, die von den Klüften
Sich stürzen in die Waldesnacht.

Sie sangen von Marmorbildern,
Von Gärten, die überm Gestein
In dämmernden Lauben verwildern,
Palästen im Mondenschein,
Wo die Mädchen am Fenster lauschen,
Wann der Lauten Klang erwacht
Und die Brunnen verschlafen rauschen
In der prächtigen Sommernacht. –

Mignon[4]

Kennst du das Land? wo die Zitronen blühn,
Im dunkeln Laub die Gold-Orangen glühn,
Ein sanfter Wind vom blauen Himmel weht,
Die Myrte still und hoch der Lorbeer steht,
Kennst du es wohl?
Dahin! Dahin
Möcht' ich mit dir, o mein Geliebter, ziehn.

Kennst du das Haus? Auf Säulen ruht sein Dach,
Es glänzt der Saal, es schimmert das Gemach,
Und Marmorbilder stehn und sehn mich an:
Was hat man dir, du armes Kind, getan?
Kennst du es wohl?
Dahin! Dahin
Möcht' ich mit dir, o mein Beschützer, ziehn.

Kennst du den Berg, und seinen Wolkensteg?
Das Maultier sucht im Nebel seinen Weg;
In Höhlen wohnt der Drachen alte Brut;
Es stürzt der Fels und über ihn die Flut.
Kennst du ihn wohl?
Dahin! Dahin
Geht unser Weg! o Vater, lass uns ziehn!

4 Bei Mignon handelt es sich um eine Figur aus Goethes Roman *Wilhelm Meisters Lehrjahre* (1795/96), dem dieses Gedicht entnommen ist (vgl. Anm. 3).

Ich möchte gern mich frei bewahren,
Verbergen vor der ganzen Welt,
Auf stillen Flüssen möcht' ich fahren,
Bedeckt vom schatt'gen Wolkenzelt.

Von Sommervögeln übergaukelt,
Der ird'schen Schwere mich entziehn,
Vom reinen Element geschaukelt,
Die schuldbefleckten Menschen fliehn.

Nur selten an das Ufer streifen,
Doch nie entsteigen meinem Kahn,
Nach einer Rosenknospe greifen,
Und wieder ziehn die feuchte Bahn.

Von ferne sehn, wie Herden weiden,
Wie Blumen wachsen immer neu,
Wie Winzerinnen Trauben schneiden,
Wie Schnitter mähn das duft'ge Heu.

Und nichts genießen, als die Helle
Des Lichts, das ewig lauter bleibt,
Und einen Trunk der frischen Welle,
Der nie das Blut geschwinder treibt.

STEFAN ZWEIG

Fahrten

Ein Wandrer, der zwei Fremden
Und keine Heimat hat.
(Grillparzer)

Noch immer hat kein liebes Band
Mich angeschmiegt an stillen Sinn,
Noch wird mir Heimat jedes Land,
Dem ich gerad zu Gaste bin.

Den hellen Straßen geh ich nach
Wie Staub, der nach den Rädern rennt,
Gern rastend unter einem Dach,
Wo nicht ein Herz das meine kennt.

Landfahrer ward ich mit dem Wind
Und des Gedenkens ganz entwöhnt,
Dass mir daheim noch Freunde sind,
Die ich mir einst als Glück ersehnt.

Ein Träumer in die runde Welt,
Der wegwärtswandernd schon vergisst,
Wohin der eigne Sinn ihn schnellt
Und wo sein Herz zu Hause ist.

Wer in die Fremde will wandern,
Der muss mit der Liebsten gehn,
Es jubeln und lassen die andern
Den Fremden alleine stehn.

Was wisset ihr, dunkele Wipfeln,
Von der alten schönen Zeit?
Ach, die Heimat hinter den Gipfeln,
Wie liegt sie von hier so weit.

Am liebsten betracht ich die Sterne,
Die schienen, wenn ich ging zu ihr,
Die Nachtigall hör ich so gerne,
Sie sang vor der Liebsten Tür.

Der Morgen, das ist meine Freude!
Da steig ich in stiller Stund
Auf den höchsten Berg in die Weite,
Grüß Dich Deutschland aus Herzensgrund!

II Unterwegssein

Es riecht wie Welt

JOHANN WOLFGANG GOETHE
Glückliche Fahrt

Die Nebel zerreißen,
Der Himmel ist helle,
Und Aeolus löset
Das ängstliche Band.
Es säuseln die Winde,
Es rührt sich der Schiffer.
Geschwinde! Geschwinde!
Es teilt sich die Welle,
Es naht sich die Ferne;
Schon seh' ich das Land!

CHRISTIAN FÜRCHTEGOTT GELLERT
Der Reisende

Ein Wandrer bat den Gott der Götter,
Den Zeus, bei ungestümem Wetter,
Um stille Luft und Sonnenschein.
Umsonst! Zeus lässt sich nicht bewegen;
Der Himmel stürmt mit Wind und Regen;
Denn stürmisch sollt es heute sein.

Der Wandrer setzt, mit bittrer Klage,
Dass Zeus mit Fleiß die Menschen plage,
Die saure Reise mühsam fort.
So oft ein neuer Sturmwind wütet,
Und schnell ihm, stillzustehn, gebietet:
So oft ertönt ein Lästerwort.

Ein naher Wald soll ihn beschirmen;
Er eilt, dem Regen und den Stürmen
In diesem Holze zu entgehn;
Doch eh der Wald ihn aufgenommen:
So sieht er einen Räuber kommen
Und bleibt vor Furcht im Regen stehn.

Der Räuber greift nach seinem Bogen,
Den schon die Nässe schlaff gezogen,
Er zielt und fasst den Pilger wohl;
Doch Wind und Regen sind zuwider:
Der Pfeil fällt matt vor dem darnieder,
Dem er das Herz durchbohren soll.

O Tor! lässt Zeus sich zornig hören,
Wird dich der nahe Pfeil nun lehren,
Ob ich dem Sturm zu viel erlaubt?
Hätt ich dir Sonnenschein gegeben:
So hätte dir der Pfeil das Leben,
Das dir der Sturm erhielt, geraubt.

MATTHIAS CLAUDIUS

Urians Reise um die Welt

mit Anmerkungen

Wenn jemand eine Reise tut,
So kann er was verzählen;
Drum nahm ich meinen Stock und Hut,
Und tät das Reisen wählen.
Tutti
Da hat Er gar nicht übel dran getan;
Verzähl Er doch weiter Herr Urian!

Zuerst ging's an den Nordpol hin;
Da war es kalt, bei Ehre!
Da dacht ich denn in meinem Sinn,
Dass es hier besser wäre.
Tutti
Da hat Er gar nicht übel dran getan;
Verzähl Er doch weiter Herr Urian!

In Grönland freuten sie sich sehr,
Mich ihres Orts zu sehen,
Und setzten mir den Trankrug her;
Ich ließ ihn aber stehen.
Tutti
Da hat Er gar nicht übel dran getan;
Verzähl Er doch weiter Herr Urian!

Die Eskimo sind wild und groß,
Zu allem Guten träge;
Da schalt ich einen einen Kloß,
Und kriegte viele Schläge.
Tutti
Da hat Er gar nicht übel dran getan;
Verzähl Er doch weiter Herr Urian!

Nun war ich in Amerika;
Da sagt ich zu mir: Lieber!
Nordwestpassage ist doch da;
Mach dich einmal darüber!
Tutti
Da hat Er gar nicht übel dran getan;
Verzähl Er doch weiter Herr Urian!

Flugs ich an Bord und aus ins Meer,
Den Tubus festgebunden,
Und suchte sie die Kreuz und Quer,
Und hab sie nicht gefunden.
Tutti
Da hat Er gar nicht übel dran getan;
Verzähl Er doch weiter Herr Urian!

Von hier ging ich nach Mexiko;
Ist weiter als nach Bremen,
Da, dacht ich, liegt das Gold wie Stroh;
Du sollst 'n Sackvoll nehmen.
Tutti
Da hat Er gar nicht übel dran getan;
Verzähl Er doch weiter Herr Urian!

Allein, allein, allein, allein,
Wie kann ein Mensch sich trügen!
Ich fand da nichts als Sand und Stein,
Und ließ den Sack da liegen.
Tutti
Da hat Er gar nicht übel dran getan;
Verzähl Er doch weiter Herr Urian!

Drauf kauft ich etwas kalte Kost,
Und Kieler Sprott und Kuchen,
Und setzte mich auf Extrapost,
Land Asia zu besuchen.
Tutti
Da hat Er gar nicht übel dran getan;
Verzähl Er doch weiter Herr Urian!

Der Mogul ist ein großer Mann,
Und gnädig über Maßen,
Und klug; er war itzt eben dran,
'n Zahn ausziehn zu lassen.
Tutti
Da hat Er gar nicht übel dran getan;
Verzähl Er doch weiter Herr Urian!

Hm! dacht ich, der hat Zähnepein,
Bei aller Größ und Gaben! –
Was hilft's denn auch noch: Mogul sein?
Die kann man so wohl haben.
Tutti
Da hat Er gar nicht übel dran getan;
Verzähl Er doch weiter Herr Urian!

Ich gab dem Wirt mein Ehrenwort,
Ihn nächstens zu bezahlen;
Und damit reist' ich weiter fort
Nach China und Bengalen.
Tutti
Da hat Er gar nicht übel dran getan;
Verzähl Er doch weiter Herr Urian!

Nach Java und nach Otaheit,
Und Afrika nicht minder;
Und sah bei der Gelegenheit
Viel Städt und Menschenkinder;
Tutti
Da hat Er gar nicht übel dran getan;
Verzähl Er doch weiter Herr Urian!

Und fand es überall wie hier,
Fand überall 'n Sparren,
Die Menschen gradeso wie wir,
Und ebensolche Narren.
Tutti
Da hat Er übel übel dran getan;
Verzähl Er nicht weiter Herr Urian!

WIR SIND GEWANDERT zum abend nieder,
Auf heissen lippen uralte lieder
Lieder der wüste lieder der meere
Lieder der sternen-nacht leuchtende schwere,
Wir sangen und sangen vom höchsten hort
Der mit uns gewandert zur ferne fort
Vom dreimal heilig verheissenden wort.

In allen landen ein angstsieches gasten
An allen tagen qualbitteres fasten,
Wo ist das erbe du der uns erkoren?
In singen und wandern sind wir verloren
Nun nicken wir blicken wir heimwehwund
Ein lied nur flieht vom bebenden mund
Das lied vom ewigen todesbund.

Ausfahrt

Berggipfel erglühen,
Waldwipfel erblühen
Vom Lenzhauch geschwellt;
Zugvogel mit Singen
Erhebt seine Schwingen,
Ich fahr' in die Welt.

Mir ist zum Geleite
In lichtgold'nem Kleide
Frau Sonne bestellt;
Sie wirft meinen Schatten
Auf blumige Matten,
Ich fahr' in die Welt.

Mein Hutschmuck die Rose,
Mein Lager im Moose,
Der Himmel mein Zelt:
Mag lauern und trauern,
Wer will, hinter Mauern,
Ich fahr' in die Welt!

LEOPOLD FRIEDRICH GÜNTHER VON GOECKINGK

Erkannte Wohltat

Ich danke Gott, dass ich zu Fuß muss gehen,
Nicht fahren und nicht reiten kann!
Der Gemse Klippen und des Adlers Höhen
Klimmt keines Fürsten Ross hinan.

Ich aber höre, auf des Brockens Spitze,
Von meinem Fuß hinab ins Land
Die Donner rollen, und die Blitze
Greif' ich am Saum mit meiner Hand.

Mir ist, als müsst' ich mich an diese hangen,
Als sollten sie mich nach sich ziehn;
Denn jeder Erdenwunsch ist mir vergangen,
Und klein, was sonst so groß mir schien.

Wie magst du dieses nur einmal verstehen,
Wie vollends fühlen, reicher Mann?
Drum dank' ich Gott, dass ich zu Fuß muss gehen,
Nicht fahren und nicht reiten kann.

Der Alpenwanderer

Des Wandrers Tritte wanken
  Auf schmaler Kieselbahn
Durch wildverschlungne Ranken,
  Den Fichtenberg hinan.
Wie bebt des Waldstroms Brücke,
  Der tosend sich ergeußt,
Und Bäum' und Felsenstücke
  Jach in die Tiefe reißt!

Jetzt flieht die Nacht der Wipfel;
  Verklärt vom Sonnenstrahl,
Grenzt an beschneite Gipfel
  Ein grünes Zaubertal.
Hier bliebe, wonnebebend,
  Selbst Hallers Muse stumm.
Wie groß, wie seelenhebend!
  Hier ist Elysium!

Hier wo ein reinrer Äther
  Um Götterhaine fließt,
Aurorens Licht sich röter
  Auf hellres Grün ergießt;
Wo Freiheit in den Hütten
  Bei frommer Einfalt wohnt
Und Kraftgefühl die Sitten
  Des goldnen Alters lohnt;

Hier wo die Herde läutend
Im Blumengrase geht,
Und Wohlgeruch verbreitend
Die Bergluft milder weht;
Wo von der Enziane
Und Anemon' umblüht
Auf seidnem Rasenplane
Die Alpenrose glüht;

Hier wo die Seele stärker
Des Fittichs Hülle dehnt,
Hoch über Erd' und Kerker
Emporzuschweben wähnt,
Geläuterter und freier
Der Sinnenwelt entflieht,
Und schon im Ätherschleier
An Lethes Ufern kniet.

Doch, ach! der Zauber schwindet,
Des Traumgotts Bildern gleich;
Der enge Steinpfad windet
Sich zwischen Felsgesträuch;
Wild starren, matt vom Schimmer
Der Abendsonn' erhellt,
Gestürzter Berge Trümmer,
Wie Trümmer einer Welt.

Im hohen Raum der Blitze
Wälzt die Lawine sich;
Es kreischt im Wolkensitze
Der Adler fürchterlich;
Dumpf donnernd, wie die Hölle
In Ätnas Tiefen rast,
Kracht an des Bergstroms Quelle
Des Gletschers Eispalast.

Hier dämmern schwarze Gründe,
Wo nie ein Blümchen lacht,
Dort bergen grause Schlünde
Des Chaos alte Nacht.
Und wilder, immer wilder
Schwingt sich der Pfad empor;
Bleich wallen Todesbilder
Aus jeder Kluft hervor.

Kalt wehn des Grabes Schrecken,
Wo dräuend der Granit
In kühngetürmten Blöcken
Den Abgrund übersieht.
Erzürnte Fluten brausen
Tief unter morschem Steg,
Und Grönlands Lüfte sausen
Am hochbeschneiten Weg.

Der Wandrer starrt von Eise,
Sein Odem friert zu Schnee.
Ein Glöckchen dumpf und leise
Tönt fern am Alpensee.
Der Hohlweg senkt sich tiefer;
Durch Felsenzacken blickt
Des Klosters dunkler Schiefer,
Mit weißem Kreuz geschmückt.

Reiselied

Wasser stürzt, uns zu verschlingen,
Rollt der Fels, uns zu erschlagen,
Kommen schon auf starken Schwingen
Vögel her, uns fortzutragen.

Aber unten liegt ein Land,
Früchte spiegelnd ohne Ende
In den alterslosen Seen.

Marmorstirn und Brunnenrand
Steigt aus blumigem Gelände,
Und die leichten Winde wehn.

Der Lindenbaum

Am Brunnen vor dem Tore
Da steht ein Lindenbaum;
Ich träumt' in seinem Schatten
So manchen süßen Traum.

Ich schnitt in seine Rinde
So manches liebe Wort;
Es zog in Freud' und Leide
Zu ihm mich immer fort.

Ich musst' auch heute wandern
Vorbei in tiefer Nacht,
Da hab' ich noch im Dunkel
Die Augen zugemacht.

Und seine Zweige rauschten,
Als riefen sie mir zu:
Komm her zu mir, Geselle,
Hier find'st du deine Ruh'!

Die kalten Winde bliesen
Mir grad' ins Angesicht;
Der Hut flog mir vom Kopfe,
Ich wendete mich nicht.

Nun bin ich manche Stunde
Entfernt von jenem Ort,
Und immer hör' ich's rauschen:
Du fändest Ruhe dort!

JOSEPH VON EICHENDORFF

Der verspätete Wanderer

Wo aber werd' ich sein im künft'gen Lenze?
So frug ich sonst wohl, wenn beim Hüteschwingen
Ins Tal wir ließen unser Lied erklingen,
Denn jeder Wipfel bot mir frische Kränze.

Ich wusste nur, dass rings der Frühling glänze,
Dass nach dem Meer die Ströme leuchtend gingen,
Vom fernen Wunderland die Vögel singen,
Da hatt' das Morgenrot noch keine Grenze.

Jetzt aber wird's schon Abend, alle Lieben
Sind wandermüde längst zurückgeblieben,
Die Nachtluft rauscht durch meine welken Kränze,

Und heimwärts rufen mich die Abendglocken,
Und in der Einsamkeit frag ich erschrocken:
Wo werde ich wohl sein im künft'gen Lenze?

Wanderschaft

Das Wandern ist des Müllers Lust,
    Das Wandern!
Das muss ein schlechter Müller sein,
Dem niemals fiel das Wandern ein,
    Das Wandern.

Vom Wasser haben wir's gelernt,
    Vom Wasser!
Das hat nicht Rast bei Tag und Nacht,
Ist stets auf Wanderschaft bedacht,
    Das Wasser.

Das sehn wir auch den Rädern ab,
    Den Rädern!
Die gar nicht gerne stille stehn,
Die sich mein Tag nicht müde drehn,
    Die Räder.

Die Steine selbst, so schwer sie sind,
    Die Steine!
Sie tanzen mit den muntern Reihn
Und wollen gar noch schneller sein,
    Die Steine.

O Wandern, Wandern, meine Lust,
    O Wandern!
Herr Meister und Frau Meisterin,
Lasst mich in Frieden weiter ziehn
    Und wandern.

Der Pilger

Es wallt ein Pilger hohen Dranges,
Er wallt zur sel'gen Gottesstadt,
Zur Stadt des himmlischen Gesanges,
Die ihm der Geist verheißen hat:

»Du klarer Strom, in deinem Spiegel
Wirst du die heil'ge bald umfahn;
Ihr sonnenhellen Felsenhügel,
Ihr schaut sie schon von Weitem an.

»Wie ferne Glocken hör' ich's klingen;
Das Abendrot durchblüht den Hain.
O hätt' ich Flügel, mich zu schwingen
Weit über Tal und Felsenreih'n!«

Er ist von hoher Wonne trunken,
Er ist von süßen Schmerzen matt,
Und, in die Blumen hingesunken,
Gedenkt er seiner Gottesstadt.

»Sie sind zu groß noch, diese Räume,
Für meiner Sehnsucht Flammenqual;
Empfahet ihr mich, milde Träume,
Und zeigt mir das ersehnte Tal!«

Da ist der Himmel aufgeschlagen,
Sein lichter Engel schaut herab:
»Wie sollt' ich dir die Kraft versagen,
Dem ich das hohe Sehnen gab?

Die Sehnsucht und der Träume Weben,
Sie sind der weichen Seele süß,
Doch edler ist ein starkes Streben
Und macht den schönen Traum gewiss.«

Er schwindet in die Morgendüfte;
Der Pilger springt gestärkt empor,
Er strebet über Berg' und Klüfte,
Er stehet schon am goldnen Tor.

Und sieh! gleich Mutterarmen schließet
Die Stadt der Pforte Flügel auf,
Ihr himmlischer Gesang begrüßet
Den Sohn nach tapf'rem Pilgerlauf.

JOHANN CHRISTIAN GÜNTHER

Auf der Reise nach Jauer

Bruder, komm und lass uns wandern,
Habe Leid und Lust gemein;
Kommt ein Wetter nach dem andern,
Hilf mir doch beständig sein.
Der Verdruss vergangner Tage
Zeigt viel süß' Erinnerung;
Wir erdulden schwere Plage,
Aber wir sind auch noch jung.

Gleiche Brüder, gleiche Kappen,
Einerlei Gefahr und Mut!
Sollt uns auch der Feind ertappen,
Kämpfen wir vor Ruhm und Blut.

Wir sind allzeit freie Leute;
Ob uns gleich die Armut drückt,
Werden wir doch immer heute
Durch geschwinden Trost erquickt.

Jene, so in großen Städten
Unter Samt und Seide gehn,
Müssen, wenn sie Pflaster treten,
Voller Furcht und Sorgen stehn;
Ihrer Ämter Schein und Würde
Ist ein Mantel der Gefahr,
Und sie werden bei der Bürde
Ihres Lebens kaum gewahr.

Sag es, Bruder, unverhohlen,
Sind wir nicht weit besser dran?
Unser Schaden sind nur Sohlen,
Die man leicht ersetzen kann;
Nichts verwirrt uns die Gemüter,
Niemand zwingt uns an das Joch;
Raubt man uns so Ehr als Güter,
Bleibet unsre Hoffnung doch.

Bei dem lustigen Erzählen
Wird uns keine Meile lang;
Wenn die Federn manchen quälen,
Ruhn wir auf der härtsten Bank.
Wir durchgehn die meisten Stände,
Sehn gemeiner Torheit zu,
Lachen heimlich in die Hände
Und befördern unsre Ruh.

Hat die Vorsicht ein Erbarmen,
Sieht sie Treu und Weisheit an,
O so ist es mit uns Armen
Noch zur Zeit nicht gar getan.
Großmut macht den Neid zu Schanden,
Naht sich doch wohl schon die Zeit,
Da uns, was wir ausgestanden,
Ungemeine Lust verleiht.

Bruder, fort, es geht nach Jauer,
Bruder, fort, und lass uns gehn;
Wird uns Weg und Wetter sauer,
Soll es doch bald anders stehn.
Fort, ich höre schon die Lieder
Auf dem nächsten Freudenschmaus!
Mertschütz sehn wir wohl nicht wieder;
Freund, wo geht der Weg hinaus?

Der Wanderer

Wie deutlich des Mondes Licht
Zu mir spricht,
Mich beseelend zu der Reise:
»Folge treu dem alten Gleise,
Wähle keine Heimat nicht.
Ew'ge Plage
Bringen sonst die schweren Tage;
Fort zu andern
Sollst du wechseln, sollst du wandern,
Leicht entfliehend jeder Klage.«

Sanfte Ebb' und hohe Flut,
Tief im Mut,
Wandr' ich so im Dunkel weiter,
Steige mutig, singe heiter,
Und die Welt erscheint mir gut.
Alles reine
Seh' ich mild im Widerscheine,
Nichts verworren
In des Tages Glut verdorren:
Froh umgeben, doch alleine.

Auf einer Wanderung

In ein freundliches Städtchen tret ich ein,
In den Straßen liegt roter Abendschein.
Aus einem offnen Fenster eben,
Über den reichsten Blumenflor
Hinweg, hört man Goldglockentöne schweben,
Und *eine* Stimme scheint ein Nachtigallenchor,
Dass die Blüten beben,
Dass die Lüfte leben,
Dass in höherem Rot die Rosen leuchten vor.

Lang hielt ich staunend, lustbeklommen.
Wie ich hinaus vors Tor gekommen,
Ich weiß es wahrlich selber nicht.
Ach hier, wie liegt die Welt so licht!
Der Himmel wogt in purpurnem Gewühle,
Rückwärts die Stadt in goldnem Rauch;
Wie rauscht der Erlenbach, wie rauscht im Grund die Mühle!

Ich bin wie trunken, irrgeführt –
O Muse, du hast mein Herz berührt
Mit einem Liebeshauch!

Wo wird einst des Wandermüden
Letzte Ruhestätte sein?
Unter Palmen in dem Süden?
Unter Linden an dem Rhein?

Werd ich wo in einer Wüste
Eingescharrt von fremder Hand?
Oder ruh ich an der Küste
Eines Meeres in dem Sand.

Immerhin mich wird umgeben
Gottes Himmel, dort wie hier,
Und als Totenlampen schweben
Nachts die Sterne über mir.

Bahnhöfe

Wenn in den Gewölben abendlich
die blauen Kugelschalen
Aufdämmern, glänzt ihr Licht in die Nacht hinüber
gleich dem Feuer von Signalen.
Wie Lichtoasen ruhen in der stählernen Hut
die geschwungenen Hallen
Und warten. Und dann sind sie
mit einem Mal von Abenteuer überfallen,
Und alle erzne Kraft
ist in ihren riesigen Leib verstaut,
Und der wilde Atem der Maschine, die wie ein Tier
auf der Flucht stille steht und um sich schaut,
Und es ist,
als ob sich das Schicksal vieler hundert Menschen
in ihr erzitterndes Bett ergossen hätte,
Und die Luft ist kriegerisch erfüllt
von den Balladen südlicher Meere
und grüner Küsten und der großen Städte.
Und dann zieht das Wunder weiter.
Und schon ist wieder Stille und Licht
wie ein Sternhimmel aufgegangen,
Aber noch lange halten die aufgeschreckten Wände,
wie Muscheln Meergetön, die verklingende Musik
eines wilden Abenteuers gefangen.

Das Eisenbahngleichnis

Wir sitzen alle im gleichen Zug
und reisen quer durch die Zeit.
Wir sehen hinaus. Wir sahen genug.
Wir fahren alle im gleichen Zug.
Und keiner weiß, wie weit.

Ein Nachbar schläft. Ein andrer klagt.
Der Dritte redet viel.
Stationen werden angesagt.
Der Zug, der durch die Jahre jagt,
kommt niemals an sein Ziel.

Wir packen aus. Wir packen ein.
Wir finden keinen Sinn.
Wo werden wir wohl morgen sein?
Der Schaffner schaut zur Tür hinein
und lächelt vor sich hin.

Auch er weiß nicht, wohin er will.
Er schweigt und geht hinaus.
Da heult die Zugsirene schrill!
Der Zug fährt langsam und hält still.
Die Toten steigen aus.

Ein Kind steigt aus. Die Mutter schreit.
Die Toten stehen stumm
am Bahnsteig der Vergangenheit.
Der Zug fährt weiter, er jagt durch die Zeit.
Und niemand weiß, warum.

Die 1. Klasse ist fast leer.
Ein dicker Mensch sitzt stolz
im roten Plüsch und atmet schwer.
Er ist allein und spürt das sehr.
Die Mehrheit sitzt auf Holz.

Wir reisen alle im gleichen Zug
zur Gegenwart in spe.
Wir sehen hinaus. Wir sahen genug.
Wir sitzen alle im gleichen Zug.
Und viele im falschen Coupé.

Auf der Eisenbahn

Rascher Blitz, der mich trägt
Pfeilschnell, von der Glut bewegt,
Sausend durch des Tages Pracht,
Brausend durch die dunkle Nacht,
Donnernd über Stromesschäumen,
Blitzend an des Abgrunds Säumen,
Durch der Berge mächt'ge Grüfte,
Durch der Täler nächt'ge Klüfte,
Durch der Saaten goldne Wogen,
Über stolze Brückenbogen,
Durch der Dörfer munter Leben,
Durch der Städte bunter Weben. –
Könnt', wie du, das freie Wort
Sausend zieh'n von Ort zu Ort!
Alle Herzen, die ihm schlagen,
Stürmisch so von dannen tragen,
So aus einem Land zum andern
Siegend die Gedanken wandern! –
Freies Wort, wer gründet Schienen,
Deinem Bahnzug stark zu dienen? –

Luftveränderung

Fahre mit der Eisenbahn,
fahre, Junge, fahre!
Auf dem Deck vom Wasserkahn
wehen deine Haare.

Tauch in fremde Städte ein,
lauf in fremden Gassen;
höre fremde Menschen schrein,
trink aus fremden Tassen.

Flieh Betrieb und Telefon,
grab in alten Schmökern,
sieh am Seinekai, mein Sohn,
Weisheit still verhökern.

Lauf in Afrika umher,
reite durch Oasen;
lausche auf ein blaues Meer,
hör den Mistral blasen!

Wie du auch die Welt durchflitzt
ohne Rast und Ruh –:
Hinten auf dem Puffer sitzt
du.

Im Zug Athen – Patras

Kahle Felsschädel, helle Augen
hell der Mund.
Alter Wortboden, wilder Rhododendron
auf der Höhe
fruchtbar fruchtbar das Meer,
– Licht
scharfe elektrische Küsten.
Die Geometrie der Pflanzungen, und
der einzelne Olivenbaum
silberne Helligkeit, großer Sinn
kleinen Lebens, wie schwer verstehe ich.
Grüne Zitrone auf dem Sitz neben mir
hat wieviel mit meinem Leben zu tun.
Schatten des Zuges, Schatten des Esels,
viele dürre helle Bäume, kleine Schatten
in die Welt gesetzt,
kleine Liedchen, summt.

Fahrt

Der D-Zug schreit und steigert sich, der Mond steht hell,
O Einklang aller Füße langsam – Füße schnell!
Die Herzen schlagen
Auf blanker Schiene mit den Wagen.

Wir sind ein Schwarm! dem spröden Schritt der Städte fern!
Ihr Häuser fort! mit uns fährt eisern nur der Stern,
Die Dörfer blinken,
Von unserm Sturm verlöscht, versinken!

Versenken wir das Aschengrau der Abendwelt!
Wie gutes Blut zerschmilzt der Zug, was uns umstellt,
Gebirge gleiten
In Wellen unsrer Schnelligkeiten!

Doch wir mit vorgeschobner Lokomotive Kinn,
Mit einem Atem dampfen wir über Erde hin,
Und brausend sehen
Wir ob alle Sterne .. stehen.

Seht auf, seht auf! Da steigt und schreit und hebt der Zug
Uns hoch in Glanz .. das Gleis verstummt .. die Nacht wird Flug!
Wir alle flammen
Im wildren Schmelz des Sterns zusammen!

Und nagelt uns die Bremse auf Stationen fest,
Wir fahren noch, ins muffige Hotel gepresst,
Aus Fenstern neigen
Wir uns und sausen Sternenreigen!

Fahrt über die Kölner Rheinbrücke bei Nacht

Der Schnellzug tastet sich
und stößt die Dunkelheit entlang.
Kein Stern will vor. Die ganze Welt ist nur ein enger,
nachtumschienter Minengang,
Darein zuweilen Förderstellen
blauen Lichtes jähe Horizonte reißen: Feuerkreis
Von Kugellampen, Dächern, Schloten,
dampfend, strömend .. nur sekundenweis ..
Und wieder alles schwarz.
Als führen wir ins Eingeweid der Nacht zur Schicht.
Nun taumeln Lichter her .. verirrt, trostlos vereinsamt ..
mehr .. und sammeln sich .. und werden dicht.
Gerippe grauer Häuserfronten liegen bloß,
im Zwielicht bleichend, tot –
etwas muss kommen .. o, ich fühl es schwer
Im Hirn. Eine Beklemmung singt im Blut.
Dann dröhnt der Boden plötzlich wie ein Meer:
Wir fliegen, aufgehoben,
königlich durch nachtentrissne Luft, hoch übern Strom.
O Biegung der Millionen Lichter, stumme Wacht,
Vor deren blitzender Parade
schwer die Wasser abwärts rollen.
Endloses Spalier, zum Gruß gestellt bei Nacht!
Wie Fackeln stürmend! Freudiges!
Salut von Schiffen über blauer See! Bestirntes Fest!
Wimmelnd, mit hellen Augen hingedrängt!
Bis wo die Stadt
mit letzten Häusern ihren Gast entlässt.
Und dann die langen Einsamkeiten. Nackte Ufer.
Stille. Nacht. Besinnung. Einkehr. Kommunion.

Und Glut und Drang
Zum Letzten, Segnenden. Zum Zeugungsfest.
Zur Wollust. Zum Gebet. Zum Meer.
Zum Untergang.

LUTZ RATHENOW

Deutschland im ICE

Der Regen tröpfelt den Zug entlang.
Die Suppen schaukeln, was essen wir
uns auch durch die Rhone. Ich trinke
schnell. Unruhige Landschaft. Kaffee
will aus seiner Tasse. Gewusel in Grün
hinterm Fenster. Gegriesel. Bin ich näher
an Koblenz oder Konstanz. Köln Komik
Kitsch … Fast eingeschlafen, die Suppe
doch schon im Bauch. Es wird schneller,
drei Minuten Verspätung aufholen. Zügig
voran im Zug, der voll ist an diesem
Nachmittag. Keiner verläßt seinen Tisch,
durchtrinken bis zum Ziel. Ein Blitz.
Blitzschnell Sonne. Deutschland im ICE.
Eine Sorte Bier ging schon aus, das Eis
wärmt die Zunge. Die Servierer eilen,
Bewegung ist alles. Verdunkelte Scheiben
lackieren eine flachere Landschaft.
Zu viert sitzen wir und verstehen uns
wortlos. Lesen in derselben Wochenzeitung
den gleichen Artikel. Zwei lächeln nicht.

Früh im Wagen

Es graut vom Morgenreif
In Dämmerung das Feld,
Da schon ein blasser Streif
Den fernen Ost erhellt;

Man sieht im Lichte bald
Den Morgenstern vergehn,
Und doch am Fichtenwald
Den vollen Mond noch stehn:

So ist mein scheuer Blick,
Den schon die Ferne drängt,
Noch in das Schmerzensglück
Der Abschiedsnacht versenkt.

Dein blaues Auge steht
Ein dunkler See vor mir,
Dein Kuss, dein Hauch umweht,
Dein Flüstern mich noch hier.

An deinem Hals begräbt
Sich weinend mein Gesicht,
Und Purpurschwärze webt
Mir vor dem Auge dicht.

Die Sonne kommt; – sie scheucht
Den Traum hinweg im Nu,
Und von den Bergen streicht
Ein Schauer auf mich zu.

Auf der Reise

Zwischen süßem Schmerz,
Zwischen dumpfem Wohlbehagen
Sitz' ich nächtlich in dem Reisewagen,
Lasse mich so weit von dir, mein Herz,
Weit und immer weiter tragen.

Schweigend sitz' ich und allein,
Ich wiege mich in bunten Träumen,
Das muntre Posthorn klingt darein,
Es tanzt der liebe Mondenschein
Nach diesem Ton auf Quellen und auf Bäumen,
Sogar zu mir durchs enge Fensterlein.

Ich wünsche mir nun dies und das.
O könnt' ich jetzo durch ein Zauberglas
Ins Goldgewebe deines Traumes blicken!
Vielleicht dann säh' ich wieder mit Entzücken
Dich in der Laube wohlbekannt,
Ich sähe Genovefens Hand

Auf deiner Schulter traulich liegen,
Am Ende säh' ich selber mich,
Halb keck und halb bescheidentlich,
An deine holde Wange schmiegen.

Doch nein! wie dürft' ich auch nur hoffen,
Dass jetzt mein Schatten bei dir sei!
Ach, stünden deine Träume für mich offen,
Du winktest wohl auch wachend mich herbei!

Lieder eines fahrenden Gesellen

An den Autos das Blech wird immer heller
Die billigen Farben leuchten das Land aus
An allen Kreuzungen südlich von Wolfsburg
Warten die neusten Volkswagen ungeduldig
Auf den Tod Hier will ich nicht
Geboren sein

Wir fahren Im Radio Lieder
Von Mahler Nach Braunschweig
15 Kilometer Lieder eines fahrenden Gesellen
Im Radio Sopran Ging heut morgen übers Feld
Aus Braunschweig warum nicht aus Braunschweig
Kam der Beamte der das Hakenkreuz
In meine Geburtsurkunde stempelte

Lieder eines Mannes aus Böhmen vor 90 Jahren
Geschrieben drängen auf elektromagnetischen
Schwingungen mit Lichtgeschwindigkeit auf diesen
Lautsprecher in unsere nackten Ohren
Fahren fahren übers Feld
In diesen Minuten
Mitte der Welt

Laß das Fenster zu Ich will es nicht hören
Das Getöse der Taschenrechner Nicht sehen
Die Fassaden schamlos hinter Passanten mit der
Sehnsucht nach der blauen Schönheit der
Hundertmarkscheine Hier will ich nicht
Leben Wir fahren fahren Wir mit kindlichen
Stimmen jagen der Welt hinterher

Flussfahrt im Frühling

Welch ein Ziehen! Welch ein Gleiten!
Zwischen Schilf und alten Weiden,
Die sich beugen, die sich neigen,
Fahren wir, – wohin? ... wohin?
Lasst das Fragen! Lasst uns schweigen!
Welle mag den Weg uns zeigen,
Führerin und Trägerin.

Wie im Leben, hingetrieben,
Schwankend, schwebend fortgezogen,
Wollen wir des Flusses Bogen
Träumend folgen und ihn lieben,
Der uns so ins Weite trägt.
– Wird es helle sein am Ziele?
Dunkel? – Wehe dem, der frägt!
Fragen gibt es allzuviele,
Antwort eine nur. – Es regt
Hohl sich unter unserm Kiele.

Lasst um unsere heißen Hände
Diese kühlen Fluten streichen.
Nixenseelchen, nehmts als Zeichen
Unserer stillen Liebe an!
– Ach, wen eure Liebe fände:
Tiefstes wüsste wohl der Mann ...
Doch er schwiege bis ans Ende.

Aber wir … nein! –: Lasst uns sagen,
Was durch unsre Seele geht!
Wind und Wasser sollens tragen,
Dass es durch den Frühling weht:
Frisches, fröhliches Behagen,
Lust am Nachten und am Tagen,
Leben, das in Blüten steht.

JOHANN WOLFGANG GOETHE
Seefahrt

Lange Tag' und Nächte stand mein Schiff befrachtet;
Günst'ger Winde harrend, saß mit treuen Freunden,
Mir Geduld und guten Mut erzechend,
Ich im Hafen.

Und sie waren doppelt ungeduldig:
Gerne gönnen wir die schnellste Reise,
Gern die hohe Fahrt dir; Güterfülle
Wartet drüben in den Welten deiner,
Wird Rückkehrendem in unsern Armen
Lieb' und Preis dir.

Und am frühen Morgen ward's Getümmel,
Und dem Schlaf entjauchzt uns der Matrose,
Alles wimmelt, alles lebet, webet,
Mit dem ersten Segenshauch zu schiffen.

Und die Segel blühen in dem Hauche,
Und die Sonne lockt mit Feuerliebe,
Ziehn die Segel, ziehn die hohen Wolken,
Jauchzen an dem Ufer alle Freunde

Hoffnungslieder nach, im Freudetaumel
Reisefreuden wähnend, wie des Einschiffsmorgens,
Wie der ersten hohen Sternennächte.

Aber gottgesandte Wechselwinde treiben
Seitwärts ihn der vorgesteckten Fahrt ab,
Und er scheint sich ihnen hinzugeben,
Strebet leise sie zu überlisten,
Treu dem Zweck auch auf dem schiefen Wege.

Aber aus der dumpfen, grauen Ferne
Kündet leisewandelnd sich der Sturm an,
Drückt die Vögel nieder aufs Gewässer,
Drückt der Menschen schwellend Herz darnieder;
Und er kommt. Vor seinem starren Wüten
Streckt der Schiffer klug die Segel nieder
Mit dem angsterfüllten Balle spielen
Wind und Wellen.

Und an jenem Ufer drüben stehen
Freund' und Lieben, beben auf dem Festen:
Ach, warum ist er nicht hier geblieben!
Ach, der Sturm! Verschlagen weg vom Glücke!
Soll der Gute so zu Grunde gehen?
Ach, er sollte, ach, er könnte! Götter!

Doch er stehet männlich an dem Steuer;
Mit dem Schiffe spielen Wind und Wellen;
Wind und Wellen nicht mit seinem Herzen:
Herrschend blickt er auf die grimme Tiefe,
Und vertrauet, scheiternd oder landend,
Seinen Göttern.

Als das Holsteinische Schiff Friedrich wieder an die Persische Flotte gelangete, von der es wegen widrigen Windes in die dritte Woche abgewesen war, MDCXXXVI den iij. Sept. cl. Werste über Zariza.

Mach nun die Focke voll und schwängre den Meisan,
o günstiger Nordwest, hol' Atem aus dem Grunde,
blas unsern *Friedrich* an mit voller Brust und Munde,
der deiner weiter darf, als bis auf *Astrachan.*

Blas hurtig, wie du tust. Dort ist die Karavan,
die sich nun wieder zeigt nach mancher bösen Stunde,
so unsern Lauf hielt auf. Wir sind in einem Bunde
und hoffen bald zu sehn mit ihr ihr *Ispahan.*

Eilt, steckt die Flaggen auf, rührt Trummeln und Trombetten,
gebt Feuer alsobald aus allen Falkenetten,
löst die Musketen ab, ihr Brüder, und ruft laut:

Glück her! Glück allzeit her! Wir reisen mit Verlangen
die Tochter des Gestirns bald frölich zu empfangen,
die unser *Holstein* ihm erwählt zu einer Braut.

Die Meerfahrt

Von Neapels Lustgestaden
Fuhren wir hinaus ins Weite,
Uns ein schönes Festgeleite
Kamen durch die goldnen Wogen
Die Delphinen nachgezogen.
O, ihr Frohen und ihr Schnellen!

Und es tauchten in die Wellen
Steil in breit geschwungnem Bogen
Weißer Möwen Prachtgefieder
Glitzernd in den Schaum hernieder,
O, ihr Stolzen und ihr Hellen!

Lasst die Purpursegel schwellen!
Reicht mir Silberpfeil und Bogen,
In das Leuchten ihn zu schnellen.
Und hinauf ihm nachzuschauen,
Wo die Tiefen blendend blauen.

Sehet, in die Glut und Helle
Immer steigt und steigt der Schnelle
Und aufjauchzend folgen wir.

O ihr Frohen und ihr Schnellen
O ihr Stolzen und ihr Hellen,
Seht, nun sind wir gleich wie ihr.

JOACHIM RINGELNATZ

Segelschiffe

Sie haben das mächtige Meer unterm Bauch
Und über sich Wolken und Sterne.
Sie lassen sich fahren vom himmlischen Hauch
mit Herrenblick in die Ferne.

Sie schaukeln kokett in des Schicksals Hand
Wie trunkene Schmetterlinge.
Aber sie tragen von Land zu Land
Fürsorglich wertvolle Dinge.

Wie das im Winde liegt und sich wiegt,
Tauweb überspannt durch die Wogen,
Das ist eine Kunst, die friedlich siegt,
Und ihr Fleiß ist nicht verlogen.

Es rauscht wie Freiheit. Es riecht wie Welt. –
Natur gewordene Planken
Sind Segelschiffe. – Ihr Anblick erhellt
Und weitet unsre Gedanken.

Andenken eines auf der See ausgestandenen gefährlichen Sturms

O Gott! was raue Not / wie schaumt die schwarze See
Und sprützt ihr grünes Salz / wie reist der Zorn die Wellen
Durch Nebel volle Luft wie heult das wüste Bellen
Der tollen Stürm uns an. Die Klippe kracht von Weh /

Wir fliegen durch die Nacht und stürzen von der Höh
In den getrennten Grund die often Stöße fällen
Den halb-zuknickten Mast / die schwache Seiten prellen
Auf die gespitzte Klipp O Himmel, ich vergeh!

Der dicke Querbaum bricht und schlägt den Umgang ein.
Das Segel flattert fort / der Schiffer steht allein
Und kann noch Boss-Mann mehr / noch Seil /
noch Ruder zwingen /

Wir missen Glas / Kompass / und Tag / und Stern /
und Nacht /
Tot war ich vor dem Tod. Doch Herr du hasts gemacht,
Dass ich dir lebend und errettet Lob kann singen.

FRIEDERIKE SCHWAB

Fähre

aufbrechen
ausbrechen
mit Frachtern Lastern Gepäck
unser lärmendes Fluchtglück
das Ferne mit Heimkehr verwechselt
später
auf schwimmendem Boden
der Blick zurück über wirbelnde Wasserstraßen
so beiläufig
wie man sich über die Schulter schaut
denn gelebt wird
fast wie gewohnt
auf Deck in der Bar in den Kabinen
nur im Schlaf
liegen manche arglos entblößt
im windgeschützten Winkel
die Nacht
die sich dehnt und streckt
eine Art Planquadrat
ein stampfendes Maschinenherz
in gerader Linie mitten hindurch

Der Luftschiffer

Gefahren bin ich in schwankendem Kahne
Auf dem blauligten Ozeane
Der die leuchtenden Sterne umfließt,
Habe die himmlischen Mächte gegrüßt.
War in ihrer Betrachtung versunken
Habe den ewigen Äther getrunken,
Habe dem Irdischen ganz mich entwandt
Droben die Schriften der Sterne erkannt
Und in ihrem Kreisen und Drehen
Bildlich den heiligen Rhythmus gesehen
Der gewaltig auch jeglichen Klang
Reißt zu des Wohllautes wogendem Drang

Aber ach! es ziehet mich hernieder
Nebel überschleiert meinen Blick
Und der Erde Grenzen seh ich wieder
Wolken treiben mich zu ihr zurück.

Wehe! das Gesetz der Schwere
Es behauptet neu sein Recht
Keiner darf sich ihm entziehen
Von dem irdischen Geschlecht.

Bericht vom Fliegen

Zu der Zeit, wo die Menschheit
Anfing, sich zu erkennen
Haben wir Wägen gemacht
Aus Eisen, Holz und Glas
Und sind durch die Luft geflogen.
Und zwar mit einer Schnelligkeit, die den Hurrikan
Um das Doppelte übertraf.
Und zwar mit einem Motor
Stärker als hundert Pferde, aber
Kleiner als ein einziges.

Tausend Jahre fiel alles von oben nach unten
Ausgenommen der Vogel.
Selbst auf den ältesten Steinen
Fanden wir keine Zeichnung
Von irgendeinem Menschen, der
Durch die Luft geflogen ist.

Aber wir haben uns erhoben.
Gegen Ende des zweiten Jahrtausends unserer Zeitrechnung
Erhob sich unsere
Stählerne Einfalt
Aufzeigend das Mögliche
Ohne uns vergessend zu machen: das
Unerreichbare.

Freie Fahrt

Sind wir nicht selbstverständlich
sicher gestartet auf jeder Bahn
haben wir nicht ohne Panne
die Maschinen gelenkt und blind
jeden beliebigen Punkt der Erde erreicht
im Verkehrsnetz unserer Gesellschaft?

Wie in aller Welt und warum
dieses Unwetter
über dem sonnigen Erlebnishorizont
die Kollision mit dem eigenen Schatten
der Sturz durch ein Luftloch im freien Fall
und die Notlandung auf dem schlingernden Wolkenfeld?

Machen wir hier Station im Raum
wie Pilger
über Land zu immer dem gleichen Ziel
wie Zugvögel
unterwegs auf immer der gleichen Route
wie unbekannte Körper
im Anflug auf immer die gleichen fixen Ideen?

Verfolgen wir doch den Kurs zurück
und erkennen unter uns tief
unfreiwillig nur eine einzige Spur
den aufgezwungenen roten Faden
das eiserne Lasso unserer Nabelschnur!

Werden wir jetzt den Aufwind
wahrnehmen wieder abheben
die Angstbeschleunigung übergehen
und das Stolpern der Motoren
werden wir jetzt die Augen
weit offenhalten und geradeausstarren
auf die Rückenlehne unseres Vordermanns:

Your life-jacket is under your skin

MATTHIAS BUTH

Flugzeit

Im Landeanflug auf das tränenüberströmte
Berlin
Hören wir uns nicht mehr
Ankommen ein Umkommen in Schubumkehr

Absinken in die Umrisse der Häuser
In die Straßenwindungen im ermatteten Grün
Das Flächen verteilt und verliert

Regenfinger queren die Scheibe
Sie zeigen den nahenden Beton an

Die Reifen sträuben sich vor dem Aufprall
Und beginnen noch in der Luft den Lauf

Miles & More

Als rastloser Krisenmanager
der weltweit
operierenden Law-Firm
binnen Jahresfrist
sieben Mal den Erdball umrundet.

Firmenmantelverkäufe
in Kapstadt, Detroit, Liverpool,
Management-Buy-outs
in Dubai, Kuala Lumpur, São Paulo,
Unfriendly Takeovers
in Sydney, Dalles, Shanghai.

Millionen von Meilen
mit Airbus, Boeing, Tupolew
auf der Platin-Card seiner Airline
aufgehäuft.
Mehr Stunden in der Luft verbracht
als in den Betten
gleichförmiger Luxusherbergen.

Endlich drei Tage daheim.
Bei dem Versuch,
mit dem Nahverkehrszug
in die 20 Kilometer entfernte
Kreisstadt zu gelangen,
am Gebührensystem
des regionalen Verkehrsverbunds
kläglich gescheitert.

LARS REYER

Kartographie

Aus dem Gedächtnis zitierte Richtung: westwärts
taumeln die Krähenzüge. Auf der Karte hier
ist nichts verzeichnet, außer Acker-, Brachland,

Flözgebieten. Die Kolorierung schöpft aus leichen-
blassen Denkstrukturen. Stacheldraht, hier müssen
einst die Pfade quergelaufen sein, Grenzlicht, ein-

geschlagen in die Erde: Schilder mit Gefahren-
warnungen (»Jetzt sind wir mittendrin«), westwärts
taumelten die Züge der rußgesichtigen Wanderer. In

älteren Liedern wird das besungen, *wie lange noch*
wird unsere abwesenheit geduldet, & schrieben
in Heizungskellern, unter vermauerten Himmeln

ihre Stammhirne auf, *nein wir werden nicht vermißt.*
Am Abend scheinen die Forste am Horizont, in Farbe
gedippt. Die Krähen folgen den Zügen. Auf einer nackt

im Gedächtnis bewahrten Karte des Landes (»Siehst du
die Ballung der Substantive«) radieren sich langsam
die Schlagbäume aus. Beim Öffnen des Mundes (Kopfes)

die übliche Reizung der Stimme & mächtiger Klage-
gesang aus den Hütten, Heidereste, die ausgehöhlten
Räume der Ex-Industrie, prächtiger Walduntergang.

III Kompass

marmoriert in allen Weltfarben

JAN WAGNER

Ein Entdecker

schon in der badewanne das zehnfinger-
fernrohr immer richtung meerenge
und eldorado; immer
das ohr am rasengleis, der rauschenden merengue

einer schnecke. später dachböden wie zelte
aus holz und unter langen sommern knackend;
du, durch gärten streifend, länder, welten;
du mit weißem haar, kurz einnickend

oder im wagen über röntgenbilder
gekauert, während dunkelgelb erinnyen
von wolken durch die windschutzscheibe wirbeln,
und immer noch im innern dieses brennen.

man wird sterne und käfer nach dir benennen.

FRIEDRICH NIETZSCHE

Nach neuen Meeren

Dorthin – *will* ich; und ich traue
Mir fortan und meinem Griff.
Offen liegt das Meer, ins Blaue
Treibt mein Genueser Schiff.

Alles glänzt mir neu und neuer,
Mittag schläft auf Raum und Zeit –:
Nur *dein* Auge – ungeheuer
Blickt mich's an, Unendlichkeit!

FRIEDRICH SCHILLER

Columbus

Steure mutiger Segler! Es mag der Witz dich verhöhnen,
Und der Schiffer am Steur senken die lässige Hand.
Immer, immer nach West! Dort *muss* die Küste sich zeigen.
Liegt sie doch deutlich und liegt schimmernd vor deinem Verstand.
Traue dem leitenden Gott, und folge dem schweigenden Weltmeer,
Wär' sie noch nicht, sie stieg' jetzt aus den Fluten empor.
Mit dem *Genius* steht die *Natur* im ewigen Bunde,
Was der Eine verspricht, leistet die andre gewiss.

WALTER HELMUT FRITZ

Kolumbus

Neulich
bin ich Kolumbus begegnet,
in einer Seitenstraße Genuas,
nicht weit von seinem kleinem Haus.

Er war gerade
von seiner dritten Reise zurückgekommen.

An die Existenz
eines neuen Festlandes
habe er im Grunde
nicht geglaubt, sagte er.

Die Alten
hätten ja nichts davon gewußt.

Vielmehr habe er zeitweise
den Eindruck gehabt,
er nähere sich dem Paradies.

Beobachtungen an Strömungen
hätten ihn auf den Gedanken gebracht.

Aber Kastilien war doch schöner,
meinte er.

Wenn er tatsächlich
eine neue Küste gefunden habe,
werde er es erst später verstehen.

Wenigstens besteht die Möglichkeit,
fügte er hinzu.

GEORG HEYM

Columbus

12. Oktober 1492

Nicht mehr die Salzluft, nicht die öden Meere,
Drauf Winde stürmen hin mit schwarzem Schall.
Nicht mehr der großen Horizonte Leere,
Draus langsam kroch des runden Mondes Ball.

Schon fliegen große Vögel auf den Wassern
Mit wunderbarem Fittich blau beschwingt.
Und weiße Riesenschwäne mit dem blassern
Gefieder sanft, das süß wie Harfen klingt.

Schon tauchen andre Sterne auf in Chören,
Die stumm wie Fische an dem Himmel ziehn.
Die müden Schiffer schlafen, die betören
Die Winde, schwer von brennendem Jasmin.

Am Bugspriet vorne träumt der Genueser
In Nacht hinaus, wo ihm zu Füßen blähn
Im grünen Wasser Blumen, dünn wie Gläser,
Und tief im Grund die weißen Orchideen.

Im Nachtgewölke spiegeln große Städte,
Fern, weit, in goldnen Himmeln wolkenlos,
Und wie ein Traum versunkner Abendröte
Die goldnen Tempeldächer Mexikos.

Das Wolkenspiel versinkt im Meer. Doch ferne
Zittert ein Licht im Wasser weiß empor.
Ein kleines Feuer, zart gleich einem Sterne.
Dort schlummert noch in Frieden Salvador.

TOM SCHULZ

Kartographie

Von den Eisbreiten,
die weithin Kamtschatka umkreisen
von den Längengraden,
die nicht voraus/hinterher weisen

Breitengrad 57° 0' 0" N
Längengrad 160° 0' 0" E

Also schien da die Insel aufgeworfen
ein abgetragener Berg voll Brot
in den wir hineinschnitten

In der Sprache der Bären war ein Bärenwort
ein Ruder im Strömungswasser

Halb war das Land eine Beutelform
halb eine Insel wie eine Klammer
in dieses Ei-Land goss man hinein und bald
spuckte es

So kamen Tiergruppen an Land
Abordnungen einer nachgestellten Arche
bis zu einem anderen Tag

Aus vielen Tränen und Kristallen das Meer
sowohl Meer als auch Krater unter dem Meer
wir geröllen und gerinnen, unser Blut
eine Messerspitze

Dann sprichst du das Bärenwort aus:
Wir sind uns Ruder und Barke

Durch die Beringstraße
als gäben Schiff und Küste einander Geleit
vor so und so vielen Inseln
der Donner

Von hier aus das Nordland fern
und Neu-Sibirien
die Umrisse von Nowaja Semlja
bis in die Tiefe der Kernschmelze

Wir schieben uns vor, zwei Eiszeit-Platten
es kommt vor, dass wir uns Speere
in die Rippen werfen, uns Bärenworte
sagen

Ach, die lappländische Reise

Da, hallo, im Schatten Linné,
wie er seine Stiefel zur Seite stellt
und sein Notizbuch verwahrt.
Das Ende der Welt habe er besucht,
Sommer und Winter an einem Tag angeschaut
und daran gedacht, daß selbst
das nirgends Vorhandene vorhanden ist.
Er sei bis dorthin gekommen,
wo die Leere arbeite.
Ach, die lappländische Reise,
zu Fuß, die Entbehrungen.
Aber das Herbarium
mit siebentausend Arten
das habe er nun.
Und ob man nicht doch lachen sollte,
ehe man glücklich ist?
Aber man hört die Frage kaum noch,
er hat sich schon umgewandt.

weiter als lettland

wir fuhren in den ferien weit
weg fuhren so lange
bis wir eine gegend erreichten
in der es noch so war wie es bei uns
gewesen sein muss: vor unserer zeit
die leute dort sprachen nicht mal
englisch und am nachmittag nahmen sie
uns mit in einen ort bezaubernd bebaut
mit fachwerk und backstein und
kopfstein und gässchen und treppchen
zwar zeigten sie uns eine stelle wo wir
ein lagerfeuer machen konnten doch
unser nächtliches grölen war ihnen fremd
und dabei wussten wir nicht mal (erfuhren
es nicht oder vergaßen es wieder betrunken
wie wir waren) wie dieser ort hieß: der name
war in unbekannten zeichen geschrieben
und als wir uns auf dem marktplatz um unsere
achse drehten und dabei auf alle häuser
zeigten und nach dem namen des ortes
fragten antwortete niemand
sie lachten nur über unseren tanz
und klatschten dazu im takt und allmählich
wurden wir uns gewiss dass wir diese
ferien nicht mehr verlassen würden
weil dieser ort der einzige war
und bei jeder drehung
immer einziger wurde

PETER PIONTEK

Flower of Scotland

Das Gewebe die Landschaft.
Über die Heide gehen weit
ins Leere. Die ausgeweideten Highlands.

Nie die Segel gesetzt
dennoch im Bauch des Wals
gefangen und an Land gespien
an sovielen Küsten.

Die Ferne die Berge den Blick
auf fernere Berge tiefer im Kraut.
Jedes Karo ein Schlachtfeld Culloden
wird wieder bestellt.
Wanderer hörst du das Wispern.

Das Tuch der Nebel.
Hier trink Uisge beatha
weißes Rauschen des Lebens
der Burn hinterm Haus.

Die Distel schreit der Löwe
unter den Blumen geköpft
ein Souvenir ein Blütengruß.

Kleine englische Reise

I.

Hier sind die Wiesen ungewöhnlich grün.
In diesem Lande lässt sichs leben.
Man kann in guten Motorwagen schweben,
Und auch das Sanfte ist ein wenig kühn.
Der Himmel ist wie Wellblech fest und eben.

Am Strande ist die ewige Bewegung.
Der Apfelbaum steht leicht und einzeln da
Und ist in seinem Wuchs die Widerlegung
Der binnenländisch unruhvollen Regung.
Hier ist Atlantis schon, Amerika.

Rothaarige Leute, schwärzlich feuchte Mauern.
Und dennoch alles trocken bis ins Mark.
Das Rasenspiel hält an in Regenschauern,
Der Nebel ist nicht Krankheit, heißt nicht Trauern.
Fabriken, Schulen grenzen an den Park.

Die Nächte sind nur endlos bis zum Morgen,
Dann wogt der alte breite Völkerkampf.
Des Weltreichs ungewöhnlich große Sorgen
Umhüllen sich mit Nebeldampf.
Man braucht auch nicht aus hohlem Fass zu borgen.
Kein Samstagnachmittag ist Schlachtgestampf.
Statt Weltenende gibt es Wochenende
Und Gartenkunst von Kew, gewaschne Hände.

FRIEDRICH MATTHISSON

Die Landschaft

Hier in des Feigenbaums dunkler Umlaubung das friedliche
Moosdach,
Jene Kaskade, die wild über den Felsenhang schäumt,
Nah, die mit Pinien bekrönten, mit Lorbeern umgürteten
Hügel,
Fern, die Ruinen der Burg, kühn in die Bläue getürmt:
Herrlich vor Tausenden musste dies heute dem Wandrer
erscheinen,
Der sich auf Alpenschnee noch gestern im Nebel verlor.

FRIEDRICH MATTHISSON

Lugano

Heitres Lugano! du lachtest uns Pilgern des eisigen Gotthards,
Wie nach Orkanen der Port Schiffern im Abendrot lacht.
Einer Gondel gewahrten wir auf der bepurpurten Klarheit
Deines romantischen Sees; uferwärts wogte sie rasch.
Schneller durchgleitet Poseidons Gefild', in der zierlichen
Muschel
Mit dem Delphinengespann, Psyche, die Schiffende,
kaum!
Und wir erkannten die nordische Sappho von fern an
dem Schleier
Der in Luisiums Hain luftig die Stirn ihr umflog.

Kennst du das Land?

Gelobt sei Gott! die Stund' ist da!
Den Wanderstab in die Hand!
Zu dir hin gehts, Italia,
Du hochgelobtes Land!

Der Pilger zieht mit Hut und Stab
Zum heiligen Grabe weit,
So zieh' auch ich zu *Deinem* Grab,
Du heil'ge entschlafene Zeit!

Und wie der Pilger auf seiner Brust
Reliquien trägt nach Haus,
So trag' auch ich in meiner Brust
Mir heilige Reste heraus.

Die letzten Tropfen vom Wunderborn,
Der einst so reichlich quoll,
Ein Fünkchen von deinem Götterzorn,
Du göttlicher Apoll,

Den Abdruck, Weltgebieter Zeus,
Von deiner Majestät,
Vom Dichterbaum ein Lorbeerreis,
der Maros Grab umweht.

Dein Bild, so hehr und unbefleckt,
Du Hohe von Medici,
Die, wenn sie den Schauern die Schätze bedeckt,
Für sich nicht errötet, für sie.

Ja knieen will ich, Vergangenheit,
Vor deinen Gebilden aus Stein,
Der nackt die ernste Schönheit beut,
Verachtend des Reizes Schein,

Ihn lassend der frömmelnden Enkelwelt,
Die, von Gleisnersinn erfüllt,
Die Lüsternheit zu ergänzen quält,
Was der schlaue Bildner verhüllt;

Und lernen will ich auf deinen Laut,
Was der Mensch bewirkt und erschafft,
Wenn er dem Gott im Busen vertraut,
Und der selbstgegebenen Kraft.

Dann kehr' ich heim mit stolzem Sinn
Und schaff' in gesättigter Ruh,
Was jung soll sein, wie ich es bin
Und alt soll werden, wie du.

Von Salerno nach Paestum

Ich eilte fort und Nachtigallen schlugen
Mir links und rechts in einem Zauberchor
Den Vorgeschmack des Himmels vor,
Und laue, leise Weste trugen
Mich im Genuss für Aug' und Ohr
Durch Gras wie Korn, und Korn, wie Rohr.
Balsamisch schickte jede Blume
Mir üppig ihren Wohlgeruch,
Der Göttin um uns her zum Ruhme,
Aus Florens großem Heiligtume;
Und rund umher las ich das schöne Buch
Der Schöpfung, jauchzend, Spruch vor Spruch.
Die goldnen Hesperiden schwollen
Am Wege hin in freundlicher Magie,
Und Mandeln, Wein und Feigen quollen
Am Lebensstrahl des Segensvollen
In stillversteckter Eurhythmie,
Und Klee, wie Wald, begrenzte sie.
Ich eilte fort, hochglühend ward die Sonne,
Und fühlte schon voraus die Wonne,
Mit Pästums Rosen in der Hand,
An eines Tempels hohen Stufen,
Wo Maro einst begeistert stand,
Die Muse Maros anzurufen.
Die Tempel stiegen, groß und hehr,
Mir aus der Ferne schon entgegen,
Da ward die Gegend menschenleer
Und öd' und öder um mich her,
Und Wein wuchs wild auf meinen Wegen.

Da stand ich einsam an dem Tore
Und an dem hohen Säulengang,
Wo ehmals dem entzückten Ohre
Ein voller Zug im vollen Chore
Das hohe Lob der Gottheit sang.
Verwüstung herrscht jetzt um die Mauer,
Wo einst die Glücklichen gewohnt,
Und mit geheimem tiefem Schauer
Sah ich umher und sahe nichts verschont;
Und meine Freude ward nun Trauer.
Umsonst blickt Titan hier so milde,
Umsonst bekrönet er im Jahr
Zwei Mal mit Ernte die Gefilde –
Du suchst von allem, was einst war,
Umsonst die Spur; ein zottiger Barbar
Schleicht mit der Dummheit Ebenbilde,
Ein Troglodyt, erbärmlicher als Wilde,
Um den verschütteten Altar.
Nur hie und da im hohen Grase wallt,
Den Menschensinn noch greller anzustoßen,
Dumpf murmelnd eine Mönchsgestalt.
Freund, denke Dir die Seelenlosen,
In Paestum blühen keine Rosen.

Italienische Nacht

I.

Weit weg, im südlichen Italien war es.
Du schautest vom Altane in den Garten
Auf weiterhellte, festbelebte Wege.
Dann hob dein Auge sich, und deine Seele
Verlor sich ins Geheimnis ferner Landschaft:
Im Meer des Mondenlichtes liegen still
Die weißen Schlösser, Schiffen gleich, vor Anker.
Es dunkeln, Inseln, die Zypressenhaine,
Wo Liebesworte und Gitarrenklang
Im gleichen Fall der Brunnen sich vermischen.
Wie lange willst du träumen, deutsche Frau,
Von glutdurchdrängter Nacht des Romeo?
Weckt dir Erinnerung nicht liebe Bilder
Aus unbarmherzig strenger Winternacht,
Die mit gesenktem Augenlid umdämmert
Die Hünengräber deines rauen Strandes?

Und gönnt es mir, zu weilen hier im schönen Land
Italia, zu wandeln am Südmeerstrand
Und holden Trost zu suchen für meines Herzens Glut,
Hier, wo hellenscher Schöne Widerschein auf Trümmern
ruht!

Nirgend blaut des Äthers Bronnen so schimmernd; so hehr
Spült an Blütenufer nirgend das liebliche Meer;
Nirgend tönt die Lippe so hold, so zauberfroh
Blüht in Frauenbildern der Schönheit Adel nirgendwo!

Die Städte reih'n wie Perlen sich auf prangender Flur
Und heben in des Himmels glänzenden Azur
Edelstolze Zinnen: es schimmert Palast und Dom
Und spiegelt sich in Buchten, in grünen Seen, im Silberstrom!

Und von der Dome Wänden grüßen Bild an Bild
Olympische Gestalten mich als Heil'ge mild;
Darunter Venus-Madonna, wie unter Sternen der Mond,
Mit himmlisch-blauen Augen und süßen Locken, goldig
blond!

Marmorbilder winken mir im Lorbeerhain,
Hohe Tempeltrümmer blinken im Abendschein,
Süß träumt sich auf gestürzten Säulen der Vorzeit Traum,
Wenn blühend drüber säuselt des Frühlings ewig junger
Baum!

Dass dich der Himmel segne, schönes Blütenland!
Wahre der Vorzeit Abglanz, der, wie auf deinem Strand,
So auch auf deinen Liedern, auf deinen Bildern blüht,
So lang' dein Himmel blauet und deine Sonne golden glüht!

Venedig

Wie ein verwirklichter Traum begrüßt dich das bunte Venedig,
Wenn du es flüchtig durchschiffst: nicht die versunkene Stadt
Glaubst du vor dir zu sehen, von welcher die Dichter erzählen,
Diese dünkt dir im Meer gleich von Tritonen erbaut,
Und du taumelst dahin, wie unter Korallen und Muscheln,
Und verwunderst dich nur, dass dich die Flut nicht ereilt.
Alles Übrige passt hinein in den Rahmen: der Doge,
Der sich den Wellen vermählt, und das vermummte Gericht,
Ja die Brücke der Seufzer, erscheinen dir hier so natürlich,
Wie in des Ozeans Nacht Fische mit Sägen im Haupt.
Lass dir aber vom Führer berichten, wie alles entstanden,
Und das phantastische Bild löst in Vernunft sich dir auf!

Venedig

Mein Auge ließ das hohe Meer zurücke,
Als aus der Flut Palladios Tempel stiegen,
An deren Staffeln sich die Wellen schmiegen,
Die uns getragen ohne Falsch und Tücke.

Wir landen an, wir danken es dem Glücke,
Und die Lagune scheint zurück zu fliegen,
Der Dogen alte Säulengänge liegen
Vor uns gigantisch mit der Seufzerbrücke.

Venedigs Löwen, sonst Venedigs Wonne,
Mit ehrnen Flügeln sehen wir ihn ragen
Auf seiner kolossalischen Kolonne.

Ich steig' ans Land, nicht ohne Furcht und Zagen,
Da glänzt der Markusplatz im Licht der Sonne:
Soll ich ihn wirklich zu betreten wagen?

Reise nach Lucca

Welch süßes Atmen! Welche Luft!
Wie hebt sich die Brust, nur mehr und immer mehr
Der zarten Wellen zu trinken,
Die mit Gedüft des Ölbaums getränkt,
Mit der blühenden Myrte Wohlgeruch,
In Wollust alle Sinne tauchen,
Und elysisch über das Land
Ein Meer von Wonne dahin sich gießen.

Kann es dem Schiffer lieblicher dünken,
Wenn von Indiens Küsten herüber
Die gastlichen Lüfte der Gewürze Blütenduft
Ihm auf sein wanderndes Schiff hinstreun?

Wahrlich, was die Rose unter den Blumen,
Was der Aleatico unter den Weinen,
Ist diese Himmelsluft gegen die der übrigen Welt.

JOSEF WEINHEBER

Toskanische Landschaft

Durch Hügel, überhaucht vom sanften Grau
vielreihig hingebreiteter Oliven,
verliert der Blick sich in das reinste Blau,
indes der Ebene erhellte Tiefen,
besäet mit winziger Häuser weißer Saat,
sich in den Bord der fernen Berge dehnen
und der Zypressen schwarzer Schattengrat
vielzackig aufragt, von den nahen Lehnen
die Ebene hinab bis an den Rand
des Horizonts, wo seine Türme bleichen:
Dort nimmt ein Himmel, milde ohnegleichen,
zu sich das große, heiligmäßige Land.

Brot und Wein 1983

In Arkadien
abseits
der Allerweltsstraßen
fanden wir
ein paar Bäume zur Rast

Wir hatten Wasser
im kühlhaltenden Styroporkanister
Oliven und Käse

Kein Dorf ringsum
das Haus versteckt
im Dickicht nahmen wir nicht wahr

Als wir lagerten
trat die Frau durch die Hecken
nicht jung nicht alt
im einen Arm
den Laib Brot
im anderen die Flasche Wein

Legte die Hand aufs Herz
und war verschwunden
bevor wir begriffen
es ist ihr Boden

Ich drückte das heiße
Brot an die Wange

Wir kauten wortlos
füllten den Becher

O, wie fühl' ich in Rom mich so froh! gedenk' ich der Zeiten,
Da mich ein graulicher Tag hinten im Norden umfing,
Trübe der Himmel und schwer auf meine Scheitel sich senkte,
Farb'- und gestaltlos die Welt um den Ermatteten lag,
Und ich über mein Ich, des unbefriedigten Geistes
Düstre Wege zu spähn, still in Betrachtung versank.
Nun umleuchtet der Glanz des helleren Äthers die Stirne;
Phöbus rufet, der Gott, Formen und Farben hervor.
Sternhell glänzet die Nacht, sie klingt von weichen Gesängen,
Und mir leuchtet der Mond heller als nordischer Tag.
Welche Seligkeit ward mir Sterblichen! Träum' ich? Empfänget
Dein ambrosisches Haus, Jupiter Vater, den Gast?
Ach! hier lieg' ich, und strecke nach deinen Knieen die Hände
Flehend aus. O vernimm, Jupiter Xenius, mich!
Wie ich hereingekommen, ich kann's nicht sagen; es fasste
Hebe den Wandrer, und zog mich in die Hallen heran.
Hast du ihr einen Heroen herauf zu führen geboten?
Irrte die Schöne? Vergib! Lass mir des Irrtums Gewinn!
Deine Tochter Fortuna sie auch! Die herrlichsten Gaben
Teilt als ein Mädchen sie aus, wie es die Laune gebeut.
Bist du der wirtliche Gott? O! dann so verstoße den Gastfreund
Nicht von deinem Olymp wieder zur Erde hinab!
»Dichter! wohin versteigest du dich?« – Vergib mir; der hohe
Kapitolinische Berg ist dir ein zweiter Olymp.
Dulde mich, Jupiter, hier, und Hermes führe mich später,
Cestius Mahl vorbei, leise zum Orkus hinab.

Capri

Sanft blaut das Meer in leichtem Wogenfluss,
Doch wir hinan auf steiler Zickzacksteige
Umhängt von Ginster und der Kaktusfeige,
Auf zu der Villa des Tiberius.

Uns opfern lass der Sonne Genius
Am Mithrastor, das uns der Klausner zeige,
Und jubelt nicht vom Salto eine Geige
Uns fernen Pilgern zu den Abschiedsgruß?

Und weithin, weithin, fernhin ein Geflimmer
Silberner Lichter auf der blauen Bahn,
Doch tönt nicht her ein klägliches Gewimmer

Erstorbner Stimmen auf von jenem Kahn?
Ist's aus der Grotte blauem Hinterzimmer
Noch ein verspätet Opfer des Sejan? –

Lied vom Meer

Capri. Piccola Marina

Uraltes Wehn vom Meer,
Meerwind bei Nacht:
du kommst zu keinem her;
wenn einer wacht,
so muss er sehn, wie er
dich übersteht:
uraltes Wehn vom Meer,
welches weht
nur wie für Urgestein,
lauter Raum
reißend von weit herein.

O wie fühlt dich ein
treibender Feigenbaum
oben im Mondschein.

Abschied

Und da ich, mein Sorrent, nun scheiden muss,
Noch stets zu früh nach so viel Wonnetagen,
Lass dir den Dank, mein vielgeliebtes, sagen
Für meines Gastrechts herrlichen Genuss.

Der Wandrer, den sein unstet hast'ger Fuß
Durch Thermen, Tempel und Museen getragen,
Er wird, was mir vergönnt ward, nie erjagen,
Nie ganz verstehn Italiens Genius.

Ich aber durft' in dieses Volkes Mitte
Belauschen seines Herzens freien Schlag,
Nicht eingeschränkt durch heuchlerische Sitte,

Dass offen seine Seele vor mir lag,
Wie eines Freunds, und jetzt mit herbem Schnitte
Der Abschied ein Stück Herz mich kosten mag.

Thrakien

Eine Flamme züngelt
Hier nachts am Boden,
Es wirbelt weißes Laub.
Und mittags zerschellt
Die Sichel des Lichts.
Das Rascheln des Sandes
Zerklüftet das Herz.

Hebe den Stein nicht auf,
Den Speicher der Stille.
Unter ihm
Verschläft der Tausendfüßler
Die Zeit.

Über den Paß,
Gekerbt von Pferdehufen,
Weht eine Mähne aus Schnee.
Mit rauchlosen Schatten
Vieler Feuer
Füllt sich am Abend die Schlucht.

Ein Messer
Häutet den Nebel,
Den Widder der Berge.
Jenseits des Flusses
Leben die Toten.
Das Wort
Ist die Fähre.

FAHRT NACH PLOVDIV. Straße der Kreuzfahrer.
Mariza. Hier wurde Orpheus zerrissen
Von den thrakischen Weibern mit dem Pflug.
Flußab trieb sein singender Schädel. Der Fluß
Hat kein Wasser mehr. Auch Flüsse sterben.
Über thrakischem Grabhügel drei Gräber
Mit dem roten Stern. Der Kommunismus:
Befreier der Lebendigen und der Toten.
Plovdiv. Trimontium. Philippopolis.
Auf drei Hügeln drei Jahrtausende.
Geschichte: hungriger Leichnam. Gestern
Das mit der Liebe des Vampirs nach Morgen greift.
(Wer war Orpheus. In seinem Lied kein
Platz für einen Pflug.) Alexander der Große
Sohn Philipps, den in Plovdiv keine Straße nennt
Konnte den gordischen Knoten nicht lösen.
Zerhaun kann ihn jeder, der nichts gelernt hat.
Glücklich das Volk, das seine Toten begräbt.
Kalt gegen die Umarmung aus den Gräbern.
Ruhm den Helden. Dem Staub keine Träne.

Die Reise nach Jerusalem

Griechenlands steinerne Faust sah ich
im Mittelmeer liegen und ein Schiff,
das dem Wasser die Bläue abzog
in gekräuselten Streifen. Weiter östlich
türkische Gedichte, unaussprechlich,
von Wellen rhythmisch bewegt.
Ich sah, wie sich das Wasser trennte
vom Salz an der büßenden Küste.
Zwischen all den mürrischen Steinen
entstanden die Epen: die Erzählung
der Distel und des Brots,
von der Sonne gebacken.
Dort unten ging die Sprache an Land,
und jedes Ding erhielt einen Namen.
Ich konnte es deutlich sehen –
die Worte zitterten wie eine Schar Vögel
über dem öden Grund.
Wir mußten uns anschnallen, festgezurrt,
mit angehaltenem Atem
erreichten wir das gelobte Land.

Kairo, Altstadt

In der lehmbraunen Zeitmaschine
fährst du Jahrhunderte retour
Gassen mit langen Gestalten
ihre weißen Turbane wie Vogelnester
Kinder fassen sich an den Händen
lachen und oben der Muezzin
sein Ruf schwebt über den Dächern
ein Singsang wie Rauch wie laue
Luft während der Mann in Kapuze
und Sandalen das Pflaster schabt
Fassadenreste verblühte Brunnen
Wäsche am Seil die Armut schaut
aus Türen riecht nach Zwiebel
und gedeiht herrenlose Hunde
schnüffeln nach Nahrung fehlt
nur ein Reiter warnbereit man weiß
nie wie der Abend fällt hinter
schweren Mauern
Fladenbrote und Frauenschuh
zwei feindselige Augen denkst du
und soviel Mittelalter war nie
auratisch bis in die Ritzen und staubig
an diesem verhangenen Tag am Nil

An den Fluss Moskaw, als er schiede

1636 Juni 25

Fleuß sanfte, wie du tust, in beiden Ufern hin,
fleuß deine Stadt vorbei, die große, die gepreiste,
die nun das ander Mal sich uns so gut erweiste,
durch welcher Urlaub wir nun in den Aufgang ziehn.

Verbleib' ich so gesund, als wie ich itzo bin,
und komm' ich wieder heim, als wie ich ab verreiste,
so sei dirs zugesagt mit Mund und ganzem Geiste,
da sollt mir nimmermehr nicht kommen aus dem Sinn'.

Ich will dich so bekannt als meine *Mulde* machen,
die itzund über mir nicht allzu sehr wird lachen,
weil ich fast nicht denk heim, ein halbverlorner Sohn.

Nimm diese Hand voll Klee, im Mangel der Violen,
zu treuen Günsten an. Ich dichte schon den Ton.
Lauf, Erato, alsbald, die Zither herzuholen!

Niagara

Klar und wie die Jugend heiter,
Und wie murmelnd süßen Traum,
Zieht der Niagara weiter
An des Urwalds grünem Saum;

Zieht dahin im sanften Flusse,
Dass er noch des Waldes Pracht
Widerstrahlt mit froher Muße,
Und die Sterne stiller Nacht.

Also sanft die Wellen gleiten,
Dass der Wandrer ungestört
Und erstaunt die meilenweiten
Katarakte rauschen hört.

Wo des Niagara Bahnen
Näher ziehn dem Katarakt,
Hat den Strom ein wildes Ahnen
Plötzlich seines Falls gepackt.

Erd' und Himmels unbekümmert
Eilt er jetzt im tollen Zug,
Hat ihr schönes Bild zertrümmert,
Das er erst so freundlich trug.

Die Stromschnellen stürzen, schießen,
Donnern fort im wilden Drang,
Wie von Sehnsucht hingerissen
Nach dem großen Untergang.

Den der Wandrer fern vernommen,
Niagaras tiefen Fall
Weil zu laut der Wogenschall.
Hört er nicht, herangekommen,

Und so mag vergebens lauschen,
Wer dem Sturze näher geht;
Doch die Zukunft hörte rauschen
In der Ferne der Prophet.

BJÖRN KUHLIGK

Volles Land

Aug in Aug mit dem Hund
öffnete sich die Schiebetür des Flughafens
wir wichen zurück, der Indianer
am Bildrand kicherte

mit dem Auto fuhren wir durchs
Reservat, die blonden Felder standen
dann wanderte, den Pferden
in der Weite nach, ein Auge

wir streiften unter Eichen, Ahorn
die Bäume färbten nach
dann hob sich, als der Regen
aufzog, eine Braue

wir erreichten die Farm, ein gegen
ihre rechte Schläfe gerichteter Wind
ein bleiches Haus, dann riss sich
los der Blick und ging ins Ganze

Amsterdam

Amsterdam! noch einmal stehen
Möcht' ich jetzt am Hafenstrand,
Aufs belebte Wasser sehen
Möcht' ich vom belebten Land,
Wo die vielen Schiffe liegen,
Die nach fremden Welten fliegen.

Wahr ist's, grüne Wälder fehlen
Diesem nordischen Venedig,
Aber Stämme, nicht zu zählen,
Nur des Blätterschmuckes ledig,
Einst die Zierden fremder Zonen,
Heben die entlaubten Kronen.

Dieser mächt'ge Meeresriese
Ward in Indien einst erbaut;
Hat wohl nah dem Paradiese
Eine Wunderwelt geschaut;
Aber größ're Wunder tagen
Sieht er jetzt, vom Meer getragen.

Statt der Zweige, grün und duftig,
Statt dem dunkeln Blätterkranz,
Flattern seine Segel luftig
Über hellem Meeresglanz;
Nicht der Urwald rauscht ihm mehr,
Doch ihm rauscht das ew'ge Meer.

Durch den lichten Mastenhain
Flammt der Abendsonne Glut,
Purpurn liegt ihr Widerschein

Auf den Segeln, auf der Flut.
Golden leuchtet jeder Stamm
In dem Wald von Amsterdam.

Und wie dieser Riesenhain
Aufstrebt zu des Lichtes Pracht,
Senkt ein zweiter sich hinein
In der Erde dunkle Nacht;
Dicht gedrängt steht Stamm an Stamm,
Auf dem Wald ruht Amsterdam.

Darum sagt, gibt's eine Zone,
Welche solche Waldung hat?
Wo die Bäume, statt der Krone,
Tragen eine Wunderstadt?
Nein, kein Wald ist wundersam,
Wie der Wald von Amsterdam.

Selbst die mächt'ge Flut muss weichen
Vor des Geistes Riesenkraft,
Der auf Dämmen und auch Deichen
Eine neue Erde schafft;
Und sie liegt, erstaunt und scheu,
Ihm zu Füßen wie ein Leu.

Wie ein Leu? Nein, als Hyäne,
Die bezwingt des Wächters Blick;
Wenn er schläft, fletscht sie die Zähne,
Ihn ereilet sein Geschick.
Darum, Holland, fort und fort
Denke an dein Losungswort;
Denn Hyäne ist die See,
Ruf' ihr zu: »Je maintiendrai!«

Reisen

Reisen soll ich, Freunde, reisen?
Lüften soll ich mir die Brust?
Aus des Tagwerks engen Gleisen
Lockt ihr mich zu Wanderlust?
Und doch hab' ich tiefer eben
In die Heimat mich versenkt,
Fühle mich, ihr hingegeben,
Freier, reicher, als ihr denkt.

Nie erschöpf' ich diese Wege,
Nie ergründ' ich dieses Tal,
Und die altbetret'nen Stege
Rühren neu mich jedesmal.
Öfters, wenn ich selbst mir sage,
Wie der Pfad doch einsam sei,
Streifen hier am lichten Tage
Teure Schatten mir vorbei.

Wann die Sonne fährt von hinnen,
Kennt mein Herz noch keine Ruh',
Eilt mit ihr von Bergeszinnen
Fabelhaften Inseln zu;
Tauchen dann hervor die Sterne,
Drängt es mächtig mich hinan,
Und in immer tief're Ferne
Zieh' ich helle Götterbahn.

Alt' und neue Jugendträume,
Zukunft und Vergangenheit,
Uferlose Himmelsräume
Sind mir stündlich hier bereit.

Darum, Freunde, will ich reisen;
Weiset Straße mir und Ziel!
In der Heimat stillen Kreisen
Schwärmt das Herz doch allzu viel.

GOTTFRIED BENN

Reisen

Meinen Sie Zürich zum Beispiel
sei eine tiefere Stadt,
wo man Wunder und Weihen
immer als Inhalt hat?

Meinen Sie, aus Habana,
weiß und hibiskusrot,
bräche ein ewiges Manna
für Ihre Wüstennot?

Bahnhofstraßen und Rueen,
Boulevards, Lidos, Laan –
selbst auf den Fifth Avenueen
fällt Sie die Leere an –

ach, vergeblich das Fahren!
Spät erst erfahren Sie sich:
bleiben und stille bewahren
das sich umgrenzende Ich.

Meine Reiselust

(früher und jetzt)

»Auf, hinaus in die weite Welt«,
Drauf war mir ehdem der Sinn gestellt,
Mehr als Weisheit aller Weisen
Galt mir reisen, reisen, reisen;
Tsad-See, Kongo, Land der Zwerge,
Kapstadt und die Tafelberge,
Zulus, Nigger mit dickem Flunsche,
Mongolen umfasst ich mit gleichem Wunsche,
Und Bürgers Lenore mit fliegenden Haaren,
Die so romantisch ums Morgenrot gefahren,
Ob *mit* ihm, ob *ohne*, – dass einer so fährt,
Erschien mir allein schon beneidenswert.
(Freiligrath und den »Löwenritt«
Nahm ich so nebenher noch mit.)
Nach Salas y Gomez wurd ich getrieben,
Wo der Mann die drei Schiefertafeln geschrieben.

Jetzt zwischen Link- und Eichhornstraße
Mess ich meine bescheidenen Maße,
Höchstens bis Königin Luise
Wag ich mich vor, umschreitend diese,
Bleib dann ein Weilchen noch in dem Bereiche
Des Floraplatzes am Goldfischteiche.
Der Wrangelbrunnen bleibt mir zur Linken,
Rechtsher seh ich Goethe winken.
Zuletzt dann vorbei an der Bismarckpforte
Kehr heim ich zu meinem alten Orte,

Zu meiner alten Dreitreppenklause,
Hoch im Johanniterhause. –
Schon seh ich grüßen, schon hör ich rufen –
Aber noch fünfundsiebzig Stufen!

PETER RÜHMKORF

Durchreisebild

London, Sonne aus dem Pfefferstreuer,
graue Vogelstimmen,
let it be: to be or not to be –
Nur ein roter Zopf beginnt zu glimmen,
alles Magma, alles Feuer,
reine Energie

Atemzüge, tiefe, daß sie blieben,
Sohlen, leicht, im schwebenden Verein;
wie zwei Züge sich begleiten / sich verschieben,
blicken wir aus klaren Wahnsinnsscheiben
blindlings in uns rein

Langsam kriegt das Schicksal seinen Stich.
Mit den Aufwärtswinden abzuheben
oder warten bis der Sturm sich legt?
Alles bildet und bewegt,
deine Kunst mein Herz und meine Lust dein Leben:
umstülp! aufreiß! mich

Einen einzigen unausgedachten
Augenblick hängt alles an zwei Schwingen,
trägt das Schwanenhemd der Utopie …
Doch du kannst nicht – ewig – diesen Fluß betrachten
ohne reinzuspringen –
Losjetzt! oder nie

JÜRGEN BECKER

Reiseland

Westfälische Hügel, der Breisgau, dann Dresden …
keine Woche
für Ansichtskarten und ausgeruhte Residenzen;
Blätterfall, tief
hängender Himmel zwischen Elbe und Rhein.

Termingeschiebe, kein Abschied für länger; was suchst du
im Süden? Ich dachte im Speisewagen an meinen Vater
und wie er reiste in den Dreißiger Jahren … Excelsior,
Majestic. Der Junge am Fenster versteht nicht, was
die Erwachsenen sagen: Marienborn, damals die Zone –

Zwischen Zaunresten leeres Gelände; zwei Krähen flattern
um einen stehengebliebenen Turm. Die Hand
in der Herzgegend, der Griff nach dem Paß; es gibt
Gewohnheiten, die der Zug mitbefördert. Sorglose
Reisende lassen die Zeitungen liegen.

Schau hinaus. Die Nähe der Landschaft, die du
wiedergewinnen kannst. Eine Chance, die im Stundentakt
sich wiederholt. Hongkong geht langsam verloren.

Auf dem Brocken

Heller wird es schon im Osten
Durch der Sonne kleines Glimmen,
Weit und breit die Bergesgipfel,
In dem Nebelmeere schwimmen.

Hätt ich Siebenmeilenstiefel,
Lief ich, mit der Hast des Windes,
Über jene Bergesgipfel,
Nach dem Haus des lieben Kindes.

Von dem Bettchen, wo sie schlummert,
Zög ich leise die Gardinen,
Leise küsst ich ihre Stirne,
Leise ihres Munds Rubinen.

Und noch leiser wollt ich flüstern
In die kleinen Liljen-Ohren:
Denk im Traum, dass wir uns lieben,
Und dass wir uns nie verloren.

THEODOR FONTANE

Welches von beiden

Rom im Siebenhügelkranz, –
Cremmen, Schwante, Vehlefanz.

Nemi-See, Genzano-Sträußchen, –
Stralau, Treptow, Eierhäuschen.

Blick aufs Forum, Ara Celi, –
Tasse Kaffe bei Stehely,

Lockt auch Fremde, Schönheit, Pracht, –
Glücklicher hat mich die Heimat gemacht.

AUGUST HEINRICH HOFFMANN
VON FALLERSLEBEN

Heimweh in Frankreich

1839 Zwischen Saône und Rhône

Wie sehn ich mich nach deinen Bergen wieder,
Nach deinem Schatten, deinem Sonnenschein!
Nach deutschen Herzen voller Sang und Lieder,
Nach deutscher Freud und Lust, nach deutschem Wein!

Könnt ich den Wolken meine Hände reichen,
Ich flöge windesschnell zu dir hinein;
Könnt ich dem Adler und dem Lichtstrahl gleichen,
Wie ein Gedanke wollt ich bei dir sein!

Die Fremde macht mich still und ernst und traurig;
Verkümmern muss mein frisches, junges Herz.
Das Leben hier, wie ist es bang und schaurig,
Und was es beut, ist nur der Sehnsucht Schmerz.

O Vaterland, und wenn ich nichts mehr habe,
Begleitet treu noch diese Sehnsucht mich;
Und würde selbst die Fremde mir zum Grabe,
Gern sterb ich, denn ich lebte nur für dich.

PETER SALOMON

Vorübergehende Entfernung

Urlaubszeit. Die Freunde sind
in die südlichen Exklaven verreist.
Ich, zurückgeblieben im kälteren Klima
werde mit Postkarten bombardiert.
Ich mag Fotos von schönen Landschaften.
Ich habe Verständnis für Angeberei.
»Da wo das Kreuz ist
wohnen wir!« Schönes Wetter /
oder schlechtes Wetter / aber jedenfalls
immer gute Laune! Meine Wünsche
sind mit ihnen!
                                Die Bärte, mit denen
manche immer wieder zurückkommen
rasieren sie meistens bald wieder ab.
Dann machen sie weiter
/ Karriere / Kunst / Politik /
mit frischen Ahnungen und neuen Gewißheiten.
Und mit mir, als könne man hier
nur der Alte bleiben

Auf Urlaub

Die Residenz!
Gu'n Tag, du Metropole!
Da ist auch schon der Alexanderplatz …
Verstatte, dass ich mich das Schneuztuch hole,
das Herz schlägt stürmisch unterm Busenlatz.
Du gute Spree mit dem geduldigen Rücken,
der Ruderklubs und der Mamsells Entzücken –
ich seh dich still und mächtig dreckig ziehn …
Berlin!

Die Weiche knackt. Der Zug zischt an den Hallen
der Stadtbahn lang. Da liegt der dicke Dom.
Die pfui! die Friedrichstraße will mir recht gefallen,
am Charitéhaus grünt ein Appelboom.
Die Völker auf den Straßen sind nicht ohne:
dem Gang nach lauter Jrafens und Barone.
Es riecht nach Geld. Prozente, Mensch, verdien!
Berlin!

Charlottenburg. Da steht die lange Claire,
den Bastard meiner Liebe an der Hand.
Ob auch die Rationierung an uns zehre –
der Knochenbau hält allen Feinden stand.
Das wird die rechte Wiedersehensfeier!
Ich hab (im Rucksack) fünfundsiebzig Eier –
Da hält der Zug! Die Kümmernisse fliehn …
Berlin! Berlin!

HANS MAGNUS ENZENSBERGER
bildungsreise

hunger leiden in patras die millionäre
der himmel ist ein gläserner hut
unterm pont alexandre trois seinen teppich zu klopfen
ist eine strafbare handlung
für geringes geld ist feil eine nördliche insel
mit zweimal fünf zähnen küßt man einander in jerez
ein karussell heißt pferdemühle in holland
in spanien hurtiger vetter
länder gibts ohne türklinken andere ohne trauben
hier sind die briefkästen blau aber dort gelb wie dotter

in venedig rudern die toten auf der lagune
mit vernähten lippen wie in burgbernheim
und in beverly hills und verfaulen im golf
von biscaya auf der zunge versäumte gedichte
und im kahlen kastilischen grund

diese kundschaft und mehr hab ich reisend gesammelt
o welt wahrlich ganz überraschend sind deine wege
voll tod und plötzlich voll teppichklopfern und tulpen
wie belehrend belehrend dich zu durcheilen
mit alten stiefeln und täglich geputztem kopf.

Auf dem Eiffelturm

Wie Geierkäfige.
Das Sprossenwerk
aus Eisen.
Wer ist gefangen?
Wir die Reisenden?

Die Stadt zu unsern Füßen.

Der Invalidendom,
Montmartre, Sacre Cœur,
Arc de Triomphe,
Wohnungen und Geschäfte.
Würfel aus Beinwerk,
graues Knöchelspiel.

Jubel,
daß Großes klein wird
unter uns.

Vielhundertfach
der Turm auf Ansichtskarten,
als Lampe, Süßigkeit.
Schnapsflasche,
Briefbeschwerer,
Andenken ohne Zweck,
auf Einkaufstaschen.

Abfütterung.
Ein Spähen.
Zeit wird Aas.

GÜNTER KUNERT
Urlaubsfoto

Die toten Boote auf den Stränden,
ihre Bäuche zum Himmel gekehrt,
die Ruder entfallen den Händen
derer, die sie niemals begehrt.

Die Netze sind leer geblieben
seit die See nichts trägt als sich:
Schaum, von den Wellen getrieben,
markiert den stets gültigen Strich

zwischen Welten, sich selbst überlassen
und entwest für die Künftigkeit.
Noch ein Blick: Das Bild zu erfassen.
Dann mach dich zur Abfahrt bereit.

Am fernen Horizonte
Erscheint, wie ein Nebelbild,
Die Stadt mit ihren Türmen
In Abenddämmrung gehüllt.

Ein feuchter Windzug kräuselt
Die graue Wasserbahn;
Mit traurigem Takte rudert
Der Schiffer in meinem Kahn.

Die Sonne hebt sich noch einmal
Leuchtend vom Boden empor,
Und zeigt mir jene Stelle,
Wo ich das Liebste verlor.

RIKE SCHEFFLER

kolibri/hamburg

geh doch in deine klangfarben: reise.
schick mir ein stück von den landungsbrücken,
einen fingerabdruck der gelben container
ladebäume, ein bemaltes büro.

aber steh nicht da wie ein junge zur schulzeit,
ein barkassentourist, der bier trinkt und friert.

schick mir außenteile vom arbeitsmuseum.
steuerfedern, windkrafträder, irgendwas,
irgendwas, das nicht in den schrank passt.

ANDREAS ALTMANN

reisen

für manche worte brauchst du
die kulisse eingewachsener wege
für das umblättern vergangener seiten
die zurückfahrende landschaft der bäume
für den schnee kalten regen
du legst dir nach innen das augenlicht

wer dich nicht anspricht sieht schlaf
du bist allein mit der zeit
rollen dir ohne grund tränen auf lippen
wann hast du zum letzten mal den regen
getrunken der durst lief aus flaschen
wasser braucht die kulisse das meer

sonst schwimmt es zu frei
südwärts geht der fluss in die breite
ein sinnloses schiff das kein ufer erfährt
dir brechen flügel den arm
als du aufkamst hat dich jemand gefragt
was dir fehlt du meintest dich selbst

alpenträume

heute begehren die berge auf. sie bewegen ihre zuschauer
in eine richtung. verlachen vögel, halten die füße nicht still.
die hände auch nicht. gestern fand ich gelistete wünsche.
überschrift: vorsicht mit wünschen, bitte.

ich träume von alpen, man sagt, sie gingen vorüber. von mal
zu mal stechen blassere berge den himmel, fällt weniger schnee,
wasser. mit stiefeln aus gletscherresten flüchten die splitter
wie übliche opfer. gefallen sich faul, verwässernd.

was für eine landschaft! vollkommen menschbelassen.
auf hecken vögel, die ich beim spannen ertappe. legen
kanäle an, durch die sie botschaften transportieren. durch pflanzen,
drei mal höher als ich. gestern noch froren vögel im feld.

vögel und berge verschmusen, ihr gefieder blutet sich rosa,
selbst die flamingos. *das weiß, das sich windet,* völlig vernebelte
romanliebe. ich versuche zu dolmetschen. erwarte den
ausbruch. schreibe das im dunkeln. schreibe das auch im hellen.

UTA REGOLI

Über die Alpen

Mit Pfeil und Bogen
mit Ötzi dem pelzhaarigen Jäger
mit Hannibal und Elefanten
mit Goethe und all den anderen
über die Alpen

Auf Mauleselrücken
in Decken gehüllt
als Tonne gerollt
in Kisten Karren Kutschen
über die Alpen

Passlos
rastlos
ratlos
treulos
über die Alpen

Auf vier *pneus Michelin*
im Michelangelo-Express
mit Lufthansa und Orion
mit einem Gedicht
über die Alpen

ILMA RAKUSA

Meerwärts

Den Flüssen den Flüssen
geh nach den Quellen und
dem Strom der meerwärts zieht
Geröll Gefälle und du folgst und
folgst schöpfst mit der Kelle
Wasser und Schlamm und
einen Fisch in der sandigen
Bucht ein Irrwisch bist du
und der Weg so lang
so unkartographiert von
hier bis Yünnan oder weiter
das Meer kann gelb sein oder
schwarz weiss oder rot
persisch indisch pazifisch
oder marmoriert in allen
Weltfarben wenn du
ankommst heisst es dich
willkommen wäscht dir
den Staub vom Gesicht
den Schweiss der Reise
und die Rastlosigkeit
du kennst dich nicht mehr
Wanderling bist Ruf und
Huf dein eigenes Reittier
von seltsamer Rasse
bis das salzige Nass dich
ungefragt aufnimmt
ein gnädiges Ziel

HILDE DOMIN

Mein Herze wir sind verreist

Für E. W. P.

Mein Herze
wir sind verreist
nach verschiedenen Weltteilen
Eurydike
meine Hand
deine Schulter berührend
Ich schreibe mit deinem Stift
ich möchte eintreten
durch diese großen Trichter
am Meer
in das Reich
in dem du gehst oder liegst
oder stehst
in dem du jetzt alles weißt
oder alles vergißt

Ich dein schneller dein zu langsamer
Weggefährte
Ich komme hinter dir her
›Langsamer‹ sagst du wie immer
›Sei langsam‹

So sitze ich hier
hoch über dem Meer
blau grün fern
deinen Stift in der Hand

reise zum mond

wir fahren weg. vergessen einfach, was gewesen ist.
auch das polierte klingelschild? auch das. wir pumpen
uns die lungen voll mit sauerstoff. wir lassen uns

vom hellen gleißen einer maisonne verschlingen …
wir gehen schwimmen, nackt. wir essen wenig, sprechen
nicht, und was uns aus den wipfeln der kastanie anrauscht

erreicht uns unterhalb des kinns. wir gleiten in den lauen
frühlingsabend, der seine wärme nicht entlassen will. wir
träumen wachsam und wir bleiben wach,
        wenn unsre träume

in den kehlkopf ziehen. die sterne zittern nach in ihrer
        fassung.
wir sehen auf dem mond das sonnenlicht. wir werden blind.
        wir
wissen nicht, ob wir gestorben oder nur unermesslich
        traurig sind.

DURS GRÜNBEIN

Armstrong

Ach, und Hawaii – dort probten sie die Landung,
Im Paradies der Sternengucker und der Taucher.
Ein Surfer schwebt kopfunter in der Brandung.

So numinos kann Erde sein, so primordial,
Daß nichts zu wünschen bleibt. Ein blauer Rauch
Geht von Vulkanen aus. Hier wird der Leib astral.

Elysische Gefilde … Daß der Mensch erschrak,
Bevor er aufbrach Richtung All von solchen Inseln.
Die Atmosphäre lichtklar wie am Schöpfungstag.

IV Grenzen und Horizonte

Wirf dich ins Weite, wirf dich ins Leere,
Nur Ferne gewinnt dich dir selber zurück!

Rätsel aus Turandot

Es führt dich meilenweit von dannen
Und bleibt doch stets an seinem Ort,
Es hat nicht Flügel auszuspannen,
Und trägt dich durch die Lüfte fort.
Es ist die allerschnellste Fähre,
Die jemals einen Wandrer trug,
Und durch das größte aller Meere
Trägt es dich mit Gedankenflug,
Ihm ist ein Augenblick genug!

[Die Lösung]
Dies leichte Schiff, das mit Gedankenschnelle
Mich durch die Lüfte ruhig trägt,
Sich selbst nicht von dem Ort bewegt,
– Das Sehrohr ists, das in die Ferne
Den Blick beflügelt bis ins Land der Sterne.

lieber in Gedanken reisen, Hokusai

auf dem Rücken, oder unter der Lampe,
laufen zu Füszen des Fuji und blicken hinauf
zu verschneiter Spitze, die Schnürstiefel
feucht und kalt, die Halskrause welk.
Wie, frage ich, Erkundungen einer Ferne
mit den eigenen Füszen, wie, frage ich,
          Erfahrungen einer Ferne
mit den eigenen Augen. Wie Sehnsucht nach Ferne
mit Seszhaftigkeit vereinen. Wie, Fusz und Auge,
Träne und Lust.

JOHANNES SCHENK

Überseekoffer

Sonntags nach blauschwerem Regen
und dicht überm Fluß gemalter Wolke
steige ich in den segeltuchbespannten Koffer,
schnitze zwischen Holzstege und Messingbeschläge
die zwei Fenster,
setze das grünkantige Glas ein
und mich an poliertem Tisch,
auf dem der Oktant liegt,
bei Nacht die Winkel auszumessen
über des Siebengestirns Azimut,
das nach drinnen blinkt.
Und draußen am Silberpappelufer
winkt ein Freund der hier bleiben will,
keine Angst hat vor aufgetürmten Wogen,
und im Hafen das wohlgezimmerte Schiff.
Im Koffersalon auf meinem Tisch
liegen aufgeblättert Sidur und Seekarte.
Das Kofferschloß nach innen gekehrt
ist messinggeputzt.
Bei jeder siebten Woge klirren die Schlüssel.
Morgen begeh ich mit Fernrohr unterm Arm
bei gutem Wetter den Kofferdeckel
und bestaune das leere Meer.
Und der ersten Taube weißen Schatten
aus der sechstausend Meilen entfernteren
ozeanischen Stadt.

PETER NEUMANN

buddelschiff

das gefühl einer langen reise
aufgeklappte masten
und takelage, das englische

schiffstau zum reißen gespannt
der wind humpelt
auf eingeschlafenen beinen

durch die schmale öffnung
im flaschenhals
flaut ab, ein helles pfeifen

CONRAD FERDINAND MEYER

Der Reisebecher

Gestern fand ich, räumend eines langvergess'nen
Schrankes Fächer,
Den vom Vater mir vererbten, meinen ersten
Reisebecher,
Währenddes ich, leise singend, reinigt' ihn vom Staub
der Jahre,
War's, als höbe mir ein Bergwind aus der Stirn die
grauen Haare,
War's, als dufteten die Matten, drein ich schlummernd
lag versunken,
War's, als rauschten alle Quelle, draus ich wandernd
einst getrunken.

Hochmoorsommernachtstraumreise

Wir lassen schnell zurück die weißen Betten,
und unsre Schritte schmatzen durch die Nacht.
Ein gelbgestreifter Bovist raucht und kracht.
Nach unsren Knöcheln gieren die Mofetten.
Und etwas pfeift mit rotgespitzter Zunge
und leckt uns girrend über Hals und Rücken.
Wir gehen und vergehen im Entzücken –
Ein Puck springt ab, ein zartgewachsner Junge!

Die späten hohen Blumen wanken leise
und röten manches schon verblaßte Tier,
und die betagten Farne stehen grau Spalier.
Wir sind am Ende unserer Reise,
hier wo der Augenblick gerinnt zum Glück
und wo das Glück vergeht im Augenblick –

VOLKER BRAUN

Tagtraum

Im Niemandslande zwischen den Grenzen stand
Mein Wagen, angezogen die Bremsen, hart
Betrachtet von den Türmen, und kein
Rad war zu wechseln hier ungeduldig.

Was wollt ich denn? in meiner Gedanken Zeit
War ich nie so allein, und die Toten nur
Und Ungebornen atmeten mir
Ruhig nun zu, unterm heißen Hundsstern.

Die Völker schwiegen, schlummerten nun nicht mehr
Die Seltenzeit erblühte oktoberlich
Im leeren Felde flimmernd hielt sie
Über den Minen der Stille, reglos.

Die ernste Zukunft, eine Mulattin, teilt'
Mit schmaler Hand das Brot und die Arbeit aus
Nach Nord und Süden und die Wahrheit
Welche auf beiden Seiten wohnet.

Ein Leben lang hab ich es gewußt: es wird.
Jetzt glaubt ich nurmehr. Und ich saß still im Gras
Daß mich der dunkle Abend kühlte.
Jaulend dann nahten die Hundeführer.

Der Lorbeer bloßen Wollens hat nie gegrünt
Und irrdisch ist und fahrlässig unsre Bahn
Ich muß auf eine Seite, muß es.
Aber ich ahne nur meine Worte.

Liegewagen

Per Knopfdruck fahr ich um den Fernsehsee.
Die freien Hände ruhen fest am Mann.
Mein Fahren tut dem Wald nicht weh
Obgleich ich, liegend, alles sehen kann.

Kein Schwaden trübt die Luft, die Birken
Blühn, von meinem Diesel ungeschwärzt.
Dusel hab ich, im Vorüberzirkeln.
In jede Kissenkurve schmieg ich mich beherzt.

Doch hör ich, lauschend, nur dies Reifenrollen,
Nicht mehr den Donner überm Pappelschnee.
Was soll ich übern Hasenrasen tollen?
Bescheiden schone ichs Portemonnaie

Und streck mich unter meine Pferdedecke.
Da ist kein Halten. Ganz allein
Hink ich zur Pinkelpause, an der Ecke
Lädt mich kein Schankwirt, nur der Kühlschrank ein.

Auch zerrt kein Kopfsprung an der Badehose.
Drei Meter ab, da dampft mein Wannenbad.
Was solln mir Hechte, Karpfen, Tauwurmdose?
Mein Fichtenwasser: sechsunddreißig Grad.

Die Störche klappern, liebestollen Schnabels.
Ich treibe hin, in eigner Lust.
Wann kam ich je allein so weit? Fabel-
Haft der Schrei aus Narziß Brust.

O durchgelegene Liegewagenlandschaft
O stummverfilmte Frühlingswelt.
Kein Kuckuck mißt mir Jahre. Die Campverwandtschaft
Nestelt irgendwo im Dauerzelt.

Kein Raser schneidet mir die Kurve
Dem Augentier auf ferngeheizter Bahre.
Silbernen Blicks bin Freier ich und Hure
Dieser Stunde, und ich fahre, fahre

Mir durchs verklebte Haar, kissen-
Entrückt, ein Auge zu.
Was ich verschlafe, werde ich nicht missen.
Milmersdorf. Mitfahrers Ruh.

Ein letzter Druck. Ich gehe von der Scheibe.
Kraftstoff null, und Strom nur ein paar Watt.
Kein Baum trägt meine Kerbe, meine Schleife.
Im Bett ein feuchter Fleck. Die Linse matt.

Gekritzel auf der Rückseite eines Reisepasses

Man ward mit keinem Paß geboren.
Die Sprache lernte man als Kind.
Am Ende ging der Sinn verloren
Der Worte, die gebräuchlich sind.

Was Heimat heißt, nun heißt es Hölle,
Der man zur rechten Zeit entkam.
Und neue Grenzen, neue Zölle,
Doch selten wo ein wenig Scham.

Da sind die Orte und die Zeiten.
Einst war man jung, nun wird man alt.
Doch immerzu muß man bestreiten
Die Reise und den Aufenthalt.

Das sind die Völker und die Reiche.
Man wandert aus und wandert ein.
Doch überall ist es das gleiche:
Die Hirne Wachs, die Herzen Stein.

Der Fremde

Ohne Sorgfalt, was die Nächsten dächten,
die er müde nicht mehr fragen hieß,
ging er wieder fort; verlor, verließ –.
Denn er hing an solchen Reisenächten

anders als an jeder Liebesnacht.
Wunderbare hatte er durchwacht,
die mit starken Sternen überzogen
enge Fernen auseinanderbogen
und sich wandelten wie eine Schlacht;

andre, die mit in den Mond gestreuten
Dörfern, wie mit hingehaltnen Beuten,
sich ergaben, oder durch geschonte
Parke graue Edelsitze zeigten,
die er gerne in dem hingeneigten
Haupte einen Augenblick bewohnte,
tiefer wissend, dass man nirgends bleibt;
und schon sah er bei dem nächsten Biegen
wieder Wege, Brücken, Länder liegen
bis an Städte, die man übertreibt.

Und dies alles immer unbegehrend
hinzulassen, schien ihm mehr als seines
Lebens Lust, Besitz und Ruhm.
Doch auf fremden Plätzen war ihm eines
täglich ausgetretnen Brunnensteines
Mulde manchmal wie ein Eigentum.

Weltflucht

Ich will in das Grenzenlose
Zu mir zurück,
Schon blüht die Herbstzeitlose
Meiner Seele,
Vielleicht – ist's schon zu spät zurück!
O, ich sterbe unter Euch!
Da Ihr mich erstickt mit Euch.
Fäden möchte ich um mich ziehn –
Wirrwarr endend!
Beirrend,
Euch verwirrend,
Um zu entfliehn
Meinwärts!

Böhmen liegt am Meer

Sind hierorts Häuser grün, tret ich noch in ein Haus.
Sind hier die Brücken heil, geh ich auf gutem Grund.
Ist Liebesmüh in alle Zeit verloren, verlier ich sie hier gern.

Bin ich's nicht, ist es einer, der ist so gut wie ich.

Grenzt hier ein Wort an mich, so lass ichs grenzen.
Liegt Böhmen noch am Meer, glaub ich den Meeren wieder.
Und glaub ich noch ans Meer, so hoffe ich auf Land.

Bin ich's, so ists ein jeder, der ist soviel wie ich.
Ich will nichts mehr für mich. Ich will zugrunde gehn.

Zugrund – das heisst zum Meer, dort find ich Böhmen wieder.
Zugrund gerichtet, wach ich ruhig auf.
Von Grund auf weiss ich jetzt, und ich bin unverloren.

Kommt her, ihr Böhmen alle, Seefahrer, Hafenhuren und Schiffe
unverankert. Wollt ihr nicht böhmisch sein, Illyrer, Veroneser,
und Venezianer alle. Spielt die Komödien, die lachen machen

Und die zum Weinen sind. Und irrt euch hundertmal,
wie ich mich irrte und Proben nie bestand,
doch hab ich sie bestanden, ein um das andre Mal.

Wie Böhmen sie bestand und eines schönen Tags
ans Meer begnadigt wurde und jetzt am Wasser liegt.

Ich grenz noch an ein Wort und an ein andres Land,
ich grenz, wie wenig auch, an alles immer mehr,

ein Böhme, ein Vagant, der nichts hat, den nichts hält,
begabt nur noch, vom Meer, das strittig ist, Land meiner Wahl zu sehen.

Interview mit mir selbst

I.

ich bin als Emigrantenkind geboren
In einer kleinen, klatschbeflissnen Stadt,
Die eine Kirche, zwei bis drei Doktoren
Und eine grosse Irrenanstalt hat.

Mein meistgesprochnes Wort als Kind war »Nein«.
Ich war kein einwandfreies Mutterglück.
Und denke ich an jene Zeit zurück:
Ich möchte nicht mein Kind gewesen sein.

Im Ersten Weltkrieg kam ich in die achte
Gemeindeschule zu Herrn Rektor May.
Ich war schon sechs, als ich noch immer dachte,
Dass, wenn die Kriege aus sind, Frieden sei.

Zwei Oberlehrer fanden mich begabt,
Weshalb sie mich, zwecks Bildung bald entfernten.
Doch was wir auf der Hohen Schule lernten,
Ein Volk »Die Arier« ham wir nicht gehabt.

Beim Abgang sprach der Lehrer von den Nöten
Der Jugend und vom ethischen Niveau.
Es hiess, wir sollten jetzt ins Leben treten.
Ich aber leider trat nur ins Büro.

Acht Stunden bin ich dienstlich angestellt
Und tue eine schlechtbezahlte Pflicht.
Am Abend schreib ich manchmal ein Gedicht.
Mein Vater meint, das habe noch gefehlt.

Bei schönem Wetter reise ich ein Stück
Per Bleistift auf der bunten Länderkarte.
An stillen Regentagen aber warte
Ich manchmal auf das sogenannte Glück.

II.

Post Scriptum. Anno fünfundvierzig

Inzwischen bin ich viel zu viel gereist,
Zu Bahn, zu Schiff, bis über den Atlantik.
Doch was mich trieb, war nicht Entdeckergeist,
Und was ich suchte, keineswegs Romantik.

Das war einmal. In einem andern Leben,
Doch unterdessen, wie die Zeit verrinnt,
Hat sich auch biographisch was begeben:
Nun hab ich selbst ein Emigrantenkind.

Das lernt das Wörtchen »alien« buchstabieren
Und spricht zur Mutter: »Don't speak German, dear.«
Muss knapp acht Jahr alt Diskussionen führen,
Dass er »allright« ist, wenn auch nicht von hier.

Grad wie das Flüchtlingskind beim Rektor May!
Wenn ich mir dies Dacapo so betrachte …
Er denkt, was ich in seinem Alter dachte:
Dass, wenn die Kriege aus sind, Frieden sei.

Rückkehr

Ich fahre heim auf reichem kahne ·
Das ziel erwacht im abendrot ·
Vom maste weht die weisse fahne ·
Wir übereilen manches boot.

Die alten ufer und gebäude
Die alten glocken neu mir sind ·
Mit der verheissung neuer freude
Bereden mich die winde lind.

Da taucht aus grünen wogenkämmen
Ein wort · ein rosenes gesicht:
Du wohntest lang bei fremden stämmen ·
Doch unsre liebe starb dir nicht.

Du fuhrest aus im morgengrauen
Und als ob einen tag nur fern
Begrüssen dich die wellenfrauen
Die ufer und der erste stern.

Die Heimat

Froh kehrt der Schiffer heim an den stillen Strom,
Von Inseln fernher, wenn er geerntet hat;
So käm auch ich zur Heimat, hätt ich
Güter so viele, wie Leid, geerntet.

Ihr teuern Ufer, die mich erzogen einst,
Stillt ihr der Liebe Leiden, versprecht ihr mir,
Ihr Wälder meiner Jugend, wenn ich
Komme, die Ruhe noch einmal wieder?

Am kühlen Bache, wo ich der Wellen Spiel,
Am Strome, wo ich gleiten die Schiffe sah,
Dort bin ich bald; euch traute Berge,
Die mich behüteten einst, der Heimat

Verehrte sichre Grenzen, der Mutter Haus
Und liebender Geschwister Umarmungen
Begrüß ich bald und ihr umschließt mich,
Dass, wie in Banden, das Herz mir heile,

Ihr treugebliebnen! aber ich weiß, ich weiß,
Der Liebe Leid, dies heilet so bald mir nicht,
Dies singt kein Wiegensang, den tröstend
Sterbliche singen, mir aus dem Busen.

Denn sie, die uns das himmlische Feuer leihn,
Die Götter schenken heiliges Leid uns auch,
Drum bleibe dies. Ein Sohn der Erde
Schein ich; zu lieben gemacht, zu leiden.

An die Welt

Mein oft bestürmbtes Schiff der grimmen Winde-Spil
Der frechen Wellen Baal / das schier die Flut getrennet?
Das uber Klipp auf Klipp / und Schaum / und Sand gerennet;
Kommt vor der Zeit an Port / den meine Seele will.

Oft / wenn uns schwarze Nacht im Mittag überfiel
Hat der geschwinde Blitz die Segel schier verbrennet!
Wie oft hab ich den Wind / und Nord' und Sud verkennet!
Wie schadhaft ist Spreu / Mast / Steur / Ruder /
Schwert und Kiel.

Steig aus du müder Geist / steig aus! wir sind am Lande!
Was graut dir für dem Port / itzt wirst du aller Bande
Und Angst / und herber Pein / und schwerer Schmerzen los.

Ade / verfluchte Welt: du See voll rauer Stürme!
Glück zu mein Vaterland / das stette Ruh' im Schirme
Und Schutz und Frieden hält / du ewig-lichtes Schloss!

Hymnus an die Reise

Schienen, die blauen Adern aus Eisen,
Durchrinnen die Welt, ein rauschendes Netz.
Herz, rinn mit ihnen! Raff auf dich, zu reisen,
Im Flug nur entfliehst du Gewalt und Gesetz.

Im Flug nur entfliehst du der eigenen Schwere,
Die dir dein Wesen umschränkt und erdrückt.
Wirf dich ins Weite, wirf dich ins Leere,
Nur Ferne gewinnt dich dir selber zurück!

Sieh! bloß ein Ruck, und schon rauscht es von Flügeln,
Für dich braust eine eherne Brust,
Heimat stürzt rücklings mit Hängen und Hügeln
Ein Neues, es wird dir neuselig bewußt.

Die Grenzen zerklirren, die gläsernen Stäbe,
Sprachen, die fremden, sie eint dir der Geist
Unendlicher Einheit, da er die Schwebe
Der vierzehn Völker Europas umkreist.

Und in dem Hinschwung von Ferne zu Fernen
Wächst dir die Seele, verklärt sich der Blick,
So wie die Welt im Tanz zwischen Sternen
Schwingend ausruht in großer Musik.

Verzeichnis der Autoren, Gedichte und Druckvorlagen

ANDREAS ALTMANN (geb. 1963)

135 A. A.: Art der Betrachtung. Gedichte aus 20 Jahren. Leipzig: Poetenladen, 2013. S. 78. – © 2013 Poetenladen, Leipzig.

ERNST MORITZ ARNDT (1769–1860)

22 E. M. A.: Gedichte. Berlin: Weidmannsche Buchhandlung, 1865. S. 558 f.

INGEBORG BACHMANN (1926–1973)

156 I. B.: Letzte, unveröffentlichte Gedichte, Entwürfe und Fassungen. Ed. und Kommentar von Hans Höller. Frankfurt a. M.: Suhrkamp, 1998. S. 278. – © Suhrkamp Verlag Frankfurt am Main 1998. Alle Rechte bei und vorbehalten durch Suhrkamp Verlag Berlin.

JÜRGEN BECKER (geb. 1932)

126 J. B.: Journal der Wiederholungen. Gedichte. Frankfurt a. M.: Suhrkamp, 1999. S. 42. – © Suhrkamp Verlag Frankfurt am Main 1999. Alle Rechte bei und vorbehalten durch Suhrkamp Verlag Berlin.

GOTTFRIED BENN (1886–1956)

123 G. B.: Sämtliche Gedichte. Stuttgart: Klett-Cotta, 1998. S. 307. – © Klett-Cotta, Stuttgart 1998.

OTTO JULIUS BIERBAUM (1865–1910)

70 O. J. B.: Gesammelte Werke in zehn Bänden. Bd. 1: Gedichte. Hrsg. von M. G. Conrad und H. Brandenburg. München: Georg Müller, 1922. S. 164 f.

NICOLAS BORN (1937–1979)

63 N. B.: Gedichte. Hrsg. von Katharina Born. Göttingen: Wallstein, 2004. S. 233. – © Wallstein Verlag, Göttingen 2004.

VOLKER BRAUN (geb. 1939)

150 V. B.: Langsamer knirschender Morgen. Gedichte. Halle/Leipzig: Mitteldeutscher Verlag, 1987. S. 54. – © Suhrkamp Verlag Frankfurt am Main 1987. Alle Rechte bei und vorbehalten durch Suhrkamp Verlag Berlin.

BERTOLT BRECHT (1898-1956)

79 B. B.: Werke. Große kommentierte Berliner und Frankfurter Ausgabe. Bd. 14: Gedichte 4. Berlin/Weimar: Aufbau-Verlag, 1993. S. 9. – © Bertolt-Brecht-Erben / Suhrkamp Verlag 1993.

MATTHIAS BUTH (geb. 1951)

81 M. B.: Weltummundung. Gedichte. Weilerswist: Ralf Liebe, ^{2}2012. S. 67. – Mit Genehmigung von Matthias Buth, Rösrath-Hoffnungsthal.

MATTHIAS CLAUDIUS (1740–1815)

37 M. C.: Sämtliche Werke. 5., überarb. Aufl. München: Winkler, 1984. S. 345–348.

FRIEDRICH CHRISTIAN DELIUS (geb. 1943)

69 F. Ch. D.: Unsichtbare Blitze. Ausgewählte Gedichte. Berlin: Rotbuch Verlag, 1981. S. 15. – © 2015 Rowohlt Verlag GmbH, Reinbek bei Hamburg.

HILDE DOMIN (1909–2006)

139 H. D.: Sämtliche Gedichte. Hrsg. von Nikola Herweg und Melanie Reinhold. Frankfurt a. M.: Fischer, 2016. S. 255. – © S. Fischer Verlag GmbH, Frankfurt am Main 2009.

 JOSEPH VON EICHENDORFF (1788–1857)

28, 32 J. v. E.: Gedichte. Hrsg. von Peter Horst Neumann und Andreas Lorenczuk. Stuttgart: Reclam, 1997. (Reclams Universal-Bibliothek. 7925.) (1) S. 80 f. (2) S. 21.

49 J. v. E.: Joseph von Eichendorffs sämtliche poetische Werke. Bd. 1: Gedichte. Leipzig: Amelang, 1883. S. 102.

HANS MAGNUS ENZENSBERGER (geb. 1929)

131 H. M. E.: Verteidigung der Wölfe. Frankfurt a. M.: Suhrkamp, 1957. S. 28. – © Suhrkamp Verlag Frankfurt am Main 1957. Alle Rechte bei und vorbehalten durch den Suhrkamp Verlag Berlin.

PAUL FLEMING (1609–1640)

73, 117 Paul Flemings Deutsche Gedichte. Bd. 1. Hrsg. von Johann Martin Lappenberg. Darmstadt: Wissenschaftliche Buchgesellschaft, 1965. (1) S. 479. (2) S. 473.

THEODOR FONTANE (1819–1898)

124 T. F.: Gedichte. Bd. 2: Einzelpublikationen. Gedichte in Prosatexten. Gedichte aus dem Nachlass. Hrsg. von Joachim Krueger. Berlin/Weimar: Aufbau-Verlag, 1989. S. 499.

128 T. F.: Gedichte. Bd. 3: Gelegenheitsgedichte. Hamlet-Übersetzung. Dramenfragmente. 1839–1898. Hrsg. von Joachim Krueger. Berlin/Weimar: Aufbau-Verlag, 1989. S. 280.

WALTER HELMUT FRITZ (1929–2010)

89, 93 W. H. F.: Gesammelte Gedichte. Hamburg: Hoffmann und Campe, 1979. (1) S. 86 f. (2) S. 134. – © 1979 by Hoffmann und Campe Verlag, Hamburg.

CHRISTIAN FÜRCHTEGOTT GELLERT (1715–1769)

35 Ch. F. G.: Sämtliche Schriften. Tl. 1. Berlin: Weidmannsche Buchhandlung / Leipzig: Hahn'sche Verlagsbuchhandlung, 1867. S. 98 f.

STEFAN GEORGE (1868–1933)

18 S. G.: Werke. Ausgabe in zwei Bänden. Bd. 2: Dante. Die Göttliche Komödie. Übertragungen. Hrsg. von Robert Boehringer. München/Düsseldorf: Helmut Küpper, 1958. S. 273 f.

160 S. G.: Werke. Ausgabe in zwei Bänden. Bd. 1: Hymnen. Pilgerfahrten. Algabal. Hrsg. von Robert Boehringer. München/Düsseldorf: Helmut Küpper, 1958. S. 141.

LEOPOLD FRIEDRICH GÜNTHER VON GOECKINGK (1748–1828)

43 L. F. G. v. G.: Gedichte. Tl. 3. Leipzig: Breitkopf, 1782. S. 73 f.

JOHANN WOLFGANG GOETHE (1749–1832)

17, 26, 29, 35, 71, 109 J. W. G.: Sämtliche Werke, Briefe, Tagebücher und Gespräche. Bd. 2: Gedichte. 1800–1832. Hrsg. von Karl Eibl. Frankfurt a. M.: Deutscher Klassiker Verlag, 1988. (Bibliothek deutscher Klassiker. 34.) (1) S. 598 f. (2) S. 321 f. (3) S. 44. (4) S. 295 ff. (5) S. 103. (6) S. 159 f.

FRANZ GRILLPARZER (1791–1872)

98 F. G.: Sämtliche Werke. Historisch-kritische Gesamtausgabe. Bd. 12: Gedichte. Tl. 1. Hrsg. von August Sauer und Reinhold Bachmann. Wien: Anton Schroll, 1952. S. 28 f.

DURS GRÜNBEIN (geb. 1962)

141 D. G.: Cyrano oder Die Rückkehr vom Mond. Berlin: Suhrkamp, 2014. S. 98. – © Suhrkamp Verlag Berlin 2014.

ANDREAS GRYPHIUS (1616–1664)

76, 162 A. G.: Gedichte. Hrsg. von Thomas Borgstedt. Stuttgart: Reclam, 2012. (Reclams Universal-Bibliothek. 18561.) (1) S. 85. (2) S. 34.

KAROLINE VON GÜNDERRODE (1780–1806)

78 K. v. G.: Sämtliche Werke und ausgewählte Studien. Historisch-kritische Ausgabe. Bd. 1: Texte. Hrsg. von Walter Morgenthaler. Basel / Frankfurt a. M.: Stroemfeld, 1990. S. 390.

 JOHANN CHRISTIAN GÜNTHER (1695–1723)

52 J. Ch. G.: Gesammelte Gedichte. Hrsg. von Herbert Heckmann. München/Wien: Hanser, 1981. S. 173 ff.

ANNETTE HAGEMANN (geb. 1967)

94 A. H.: Sirene des Duschraums. Berlin: Hoerlemann, 2014. S. 79. – Mit Genehmigung von Annette Hagemann, Hannover.

ULLA HAHN (geb. 1945)

17 U. H.: Gesammelte Gedichte. München: Deutsche Verlags-Anstalt, 2013. S. 319. – © 2013, Deutsche Verlags-Anstalt, München, in der Verlagsgruppe Random House GmbH.

ROBERT HAMERLING (1830–1889)

103 R. H.: Sämtliche Werke in sechzehn Bänden. Bd. 2: Venus im Exil. Ein Schwanenlied der Romantik. Germanenzug. Hrsg. von Michael Maria Rabenlechner. Leipzig: Hesse und Becker [o. J.]. S. 87.

MARGARETE HANNSMANN (1921–2007)

108 M. H.: Drachmentage. Gedichte. Düsseldorf: Eremiten-Presse, 1986. S. 26 f. – Mit Genehmigung von Leonie Woitinas, München.

FRIEDRICH HEBBEL (1813–1863)

104 F. H.: Sämtliche Werke. Bd. 6: Dramen VI. Demetrius. Gedichte I: Gesamtausgabe. 1857. Gedichte II: Aus dem Nachlass. 1857–63. Hrsg. von Richard Maria Werner. Berlin: Behr, 1902. S. 22.

HEINRICH HEINE (1797–1856)

57, 127, 134 H. H.: Sämtliche Gedichte. Hrsg. von Bernd Kortländer. Stuttgart: Reclam, 1997. (Reclams Universal-Bibliothek. 18394.) (1) S. 473. (2) S. 190. (3) S. 125 f.

KERSTIN HENSEL (geb. 1961)

149 K. H.: Stilleben mit Zukunft. Gedichte. Halle/Leipzig: Mitteldeutscher Verlag, 1988. S. 103. – Mit Genehmigung von Kerstin Hensel, Berlin.

GEORG HEYM (1887–1912)

74, 90 G. H.: Dichtungen und Schriften. Gesamtausgabe. Bd. 1: Lyrik. Hrsg. von Karl Ludwig Schneider. Hamburg: Ellermann, 1964. (1) S. 618. (2) S. 218.

PAUL HEYSE (1830–1914)

112 P. H.: Gesammelte Werke. Reihe 3, Bd. 5: Hadrian/ Alkibiades. Gedichte und Übersetzungen. Stuttgart: J. G. Cottasche Buchhandlung [o. J.]. S. 311.

DIETER HOFFMANN (geb. 1934)

132 D. H.: Frankreich-Gedichte. Darmstadt: [im Selbstverl.] 2005. S. 58 f. – Mit Genehmigung von Dieter Hoffmann, Geiselwind.

AUGUST HEINRICH HOFFMANN VON FALLERSLEBEN (1798–1874)

25, 128 H. v. F.: Gedichte und Lieder. Hrsg. von Hermann Wendebourg und Anneliese Gerbert. Hamburg: Hoffmann und Campe, 1974. (1) S. 214. (2) S. 255.

HUGO VON HOFMANNSTHAL (1874–1929)

47 H. v. H.: Sämtliche Werke. Kritische Ausgabe. Bd. 1: Gedichte 1. Hrsg. von Eugene Weber. Frankfurt a. M.: Fischer, 1984. S. 84.

FRIEDRICH HÖLDERLIN (1770–1843)

161 F. H.: Sämtliche Werke. Hrsg. von Friedrich Beißner. Frankfurt a. M.: Insel, 1961. S. 242 f.

 PETER HUCHEL (1903–1981)

113 P. H.: Gesammelte Werke in zwei Bänden. Bd. I: Die Gedichte. Hrsg. von Axel Vieregg. Frankfurt a. M.: Suhrkamp, 1984. S. 116 f. – © Suhrkamp Verlag Frankfurt am Main 1984. Alle Rechte bei und vorbehalten durch Suhrkamp Verlag Berlin.

NORBERT HUMMELT (geb. 1962)

24 N. H.: Pans Stunde. Gedichte. München: Luchterhand, 2011. S. 39. – © 2011 Luchterhand Literaturverlag, München, in der Verlagsgruppe Random House GmbH.

MASCHA KALÉKO (1907–1975)

158 M. K: Sämtliche Werke und Briefe in vier Bänden. Bd. 1: Werke. Hrsg. von Jutta Rosenkranz. München: Deutscher Taschenbuch Verlag, 2012. (1) S. 175 f. (2) S. 176. – © 2012 dtv Verlagsgesellschaft, München.

ERICH KÄSTNER (1899–1974)

59 E. K.: Doktor Erich Kästners Lyrische Hausapotheke. Zürich: Atrium Verlag, S. 19 f. – © Atrium Verlag AG, Zürich 1936 und Thomas Kästner.

KARIN KIWUS (geb. 1942)

80 K. K.: Das Gesicht der Welt. Gedichte 1976-2006. Frankfurt a. M.: Schöffling und Co., 2014. S. 26 f. – © Schöffling & Co. Verlagsbuchhandlung GmbH, Frankfurt am Main 2014.

THEODOR KRAMER (1897–1958)

23 T. K.: Gesammelte Gedichte. Bd. 1. Hrsg. von Erwin Chvojka. Wien: Paul Zsolnay Verlag, 2005. S. 368. – © 1997 und 2005 Paul Zsolnay Verlag Ges.m.b.H., Wien.

MICHAEL KRÜGER (geb. 1943)

115 M. K.: Wettervorhersage. Gedichte. Salzburg/Wien: Residenz Verlag, 1998. S. 31. – © 1998 Residenz Verlag GmbH, Salzburg – Wien.

NADJA KÜCHENMEISTER (geb. 1981)

140 N. K.: Unter dem Wacholder. Gedichte. Frankfurt a. M.: Schöffling, 2014. S. 36. – © Schöffling & Co. Verlagsbuchhandlung GmbH, Frankfurt am Main 2014.

BJÖRN KUHLIGK (geb. 1975)

119 Flarf Berlin. 95 Netzgedichte. Hrsg. von Alexander Gumz und Stephan Porombka. Hildesheim: Edition Pächterhaus, 2012. S. 23. – © 2012 Edition Pächterhaus, Hildesheim.

GÜNTER KUNERT (1929–2019)

133 G. K.: Berlin beizeiten. Gedichte. München/Wien: Hanser, 1987. S. 87. – © 1987 Carl Hanser Verlag GmbH & Co. KG, München.

ELSE LASKER-SCHÜLER (1869–1945)

155 E. L.-S.: Die Gedichte. Hrsg. von Gabriele Sander. Stuttgart: Reclam, 2016. S. 30.

NIKOLAUS LENAU (1802–1850)

118 N .L.: Werke in einem Band. Hamburg: Hoffmann und Campe, 1966. S. 106.

DETLEV VON LILIENCRON (1844–1909)

102 D. v. L.: Gesammelte Werke. Bd. 2: Gedichte. Stuttgart [u. a.]: Deutsche Verlags-Anstalt, 1923. S. 262 ff.

FRIEDRICH MATTHISSON (1761–1831)

44 F. M.: Gedichte. Hrsg. von Ernst Kelchner. Leipzig: Brockhaus, 1874. (Bibliothek der deutschen Nationalliteratur des 18. und 19. Jahrhunderts.) S. 61 ff.

97 F. M.: Gedichte. Tl. 1. Köln: W. Spizischen Buchhandlung, 1816. (1) S. 309 f. (2) S. 308 f.

 FRIEDERIKE MAYRÖCKER (geb. 1924)

146 F. M.: Gesammelte Gedichte 1939–2003. Hrsg. von Marcel Beyer. Frankfurt a. M.: Suhrkamp, 2004. S. 602. –

CONRAD FERDINAND MEYER (1825–1898)

148 C. F. M.: Gesammelte Werke. Bd. 3: Angela Borgia. Huttens letzte Tage. Gedichte. Berlin: Karl Boegels, 1931. S. 267.

EDUARD MÖRIKE (1804–1875)

56, 67 E. M.: Gedichte. Auswahl und Nachwort von Bernhard Zeller. Stuttgart: Reclam, 1977. (Reclams Universal-Bibliothek. 7661.) (1) S. 72 f. (2) S. 66.

68 E. M.: Gedichte. Stuttgart: Göschen'sche Verlagshandlung, 1876. S. 63 f.

HEINER MÜLLER (1929–1995)

114 H. M.: Werke. Bd. 1: Die Gedichte. Hrsg. von Frank Hörnigk. Frankfurt a. M.: Suhrkamp, 1998. S. 178. –

WILHELM MÜLLER (1794–1827)

48, 50 W. M.: Gedichte. Tl. 1. Leipzig: Brockhaus, 1858. (1) S. 75. (2) S. 3.

PETER NEUMANN (geb. 1987)

148 P. N.: geheuer. Gedichte. Dresden: Edition Azur, 2014. S. 55. –

FRIEDRICH NIETZSCHE (1844–1900)

88 F. N.: Gedichte. Hrsg. von Mathias Mayer. Stuttgart: Reclam, 2010. (Reclams Universal-Bibliothek. 18636.) S. 54.

NOVALIS (d. i. Friedrich von Hardenberg) (1772–1801)
26 N.: Heinrich von Ofterdingen. Hrsg. von Wolfgang Frühwald. Stuttgart: Reclam, 1987. (Reclams Universal-Bibliothek. 8939.) S. 123.

WOLFGANG OPPLER (geb. 1956)
82 Das Gedicht. Zeitschrift für Lyrik, Essay und Kritik. Hrsg. von Michael Augustin und Anton G. Leitner. Bd. 21 (2013) S. 40. – © Wolfgang Oppler / Anton G. Leitner Verlag / DAS GEDICHT, Weßling.

ALFONS PAQUET (1881–1941)
96 A. P.: Gesammelte Werke. Bd. 1: Gedichte. Hrsg. von Hanns Martin Elster. Stuttgart: Deutsche Verlags-Anstalt, 1970. S. 68 ff.

RICHARD PIETRASS (geb. 1946)
151 Jahrbuch der Lyrik 1998/99. Ausreichend lichte Erklärung. Hrsg. von Christoph Buchwald und Marcel Beyer. München: C. H. Beck, 1998. S. 15 f. – Mit Genehmigung von Richard Pietraß, Berlin.

PETER PIONTEK (geb. 1955)
95 P. P.: Aus dem Fliegenglas. Gedichte. Hannover: Wehrhahn, 2010. S. 74. – © 2010 Wehrhahn Verlag, Hannover.

AUGUST VON PLATEN (1796–1835)
30 A. v. P.: Gesammelte Werke. Stuttgart/Tübingen: J. G. Cotta'scher Verlag, 1839. S. 26 f.
105 A. v. P.: Gesammelte Werke in einem Band. Stuttgart/Tübingen: Cotta, 1838. S. 96.

LOUISE VON PLÖNNIES (1803–1872)
61 Deutsche Dichterinnen vom 16. Jahrhundert bis zur Gegenwart. Gedichte und Lebensläufe. Hrsg. von Gisela Brinker-Gabler. Frankfurt a. M.: Fischer, 1986. S. 188.
120 L. v. P.: Gedichte. Darmstadt: Leske, 1844. S. 153 ff.

 ILMA RAKUSA (geb. 1946)

116, 138 I. R.: Impressum: Langsames Licht. Gedichte. Graz/Wien: Literaturverlag Droschl, 2016. (1) S. 62. (2) S. 156. – © Literaturverlag Droschl Graz – Wien 2016.

LUTZ RATHENOW (geb. 1952)

66 Neue Deutsche Literatur. Zeitschrift für deutschsprachige Literatur 46 (1998) H. 520. S. 52 f. – Mit Genehmigung von Lutz Rathenow, Berlin.

UTA REGOLI (geb. 1939)

137 Das Gedicht. Zeitschrift für Lyrik, Essay und Kritik. Hrsg. von Michael Augustin und Anton G. Leitner. Bd. 21 (2013) S. 52. – © Uta Regoli / Anton G. Leitner Verlag / DAS GEDICHT, Weßling.

LARS REYER (geb. 1977)

83 L. R.: Magische Maschinen. Gedichte. Frankfurt a. M.: Schöffling, 2013. S. 7. – © Schöffling & Co. Verlagsbuchhandlung GmbH, Frankfurt am Main 2013.

RAINER MARIA RILKE (1875–1926)

111, 154 R. M. R.: Gesammelte Werke. Hrsg. von Annemarie Post-Martens und Gunter Martens. Stuttgart: Reclam, 2015. (1) S. 453. (2) S. 477 f.

JOACHIM RINGELNATZ (1883–1934)

75 J. R.: Gedichte, Prosa, Bilder. Hrsg. von Frank Möbus und Friederike Schmidt-Möbus. Stuttgart: Reclam, 2013. S. 242.

PETER RÜHMKORF (1929–2008)

125 P. R.: Haltbar bis Ende 1999. Gedichte. Reinbek b. Hamburg: Rowohlt, 1979. S. 81. – © 1979 Rowohlt Verlag, Reinbek bei Hamburg.

LARA RÜTER (geb. 1990)
136 Lyrik von Jetzt 3. Babelsprech. Hrsg. von Max Czollek, Michael Fehr und Robert Prosser. Göttingen: Wallstein, 2015. S. 210. – Mit Genehmigung von Lara Rüter, Leipzig.

PETER SALOMON (geb. 1947)
129 Wenn das Eis geht. Temperamente und Positionen. Ein Lesebuch zeitgenössischer Lyrik. Hrsg. von Helmut Lamprecht. Fischerhude: Verlag Atelier im Bauernhaus, 1983. (Neue Reihe Atelier. 12.) S. 156. – © 1983 Verlag Atelier im Bauernhaus, Fischerhude.

JOSEPH VICTOR SCHEFFEL (1826–1886)
42 J. V. Sch.: Gaudeamus. Lieder aus dem Engeren und Weiteren von Joseph Victor Scheffel. Stuttgart: Bonz, 1876. S. 115.

RIKE SCHEFFLER (geb. 1985)
134 Jahrbuch der Lyrik 2013. Hrsg. von Christoph Buchwald und Jan Wagner. München: Deutsche Verlags-Anstalt, 2013. S. 141. – Mit Genehmigung von Rike Scheffler, Berlin.

JOHANNES SCHENK (1941–2006)
147 J. Sch.: Die Gedichte. 3 Bde. Bd. 2: 1980–99. Göttingen: Wallstein Verlag, 2009. S. 473. – © Wallstein Verlag, Göttingen 2009.

FRIEDRICH SCHILLER (1759–1805)
27, 88 Schillers Werke. Nationalausgabe. Bd. 2. Tl. 1: Gedichte in der Reihenfolge ihres Erscheinens 1799–1805. Hrsg. von Norbert Oellers. Weimar: Hermann Böhlau, 1983. (1) S. 197. (2) S. 153 / S. 174.
145 Schillers Werke. Nationalausgabe. Bd. 1: Gedichte in der Reihenfolge ihres Erscheinens 1776–99. Hrsg. von Julius Petersen / Friedrich Beißner. Weimar: Hermann Böhlau, 1943. S. 239.

 FRIEDRICH SCHLEGEL (1772–1829)

55 Kritische Friedrich-Schlegel-Ausgabe. Bd. 5: Dichtungen. Hrsg. von Hans Eichner. München [u. a.]: Schöningh, 1962. S. 186.

TOM SCHULZ (geb. 1970)

91 T. Sch.: Die Verlegung der Stolpersteine. Gedichte. München: Hanser Berlin, 2017. S. 70 f. – © 2017 Hanser Berlin in der Carl Hanser Verlag GmbH & Co. KG, München.

FRIEDERIKE SCHWAB (geb. 1941)

77 Lichtungen. Zeitschrift für Literatur, Kunst und Zeitkritik 25 (2004) S. 5. – Mit Genehmigung von Friederike Schwab, Graz (Österreich).

JOHANN GOTTFRIED SEUME (1763–1810)

100 J. G. Seume's sämtliche Werke. Vierte rechtmäßige Gesamtausgabe in acht Bänden. Bd. 2. Leipzig: Joh. Friedr. Hartknoch, 1839. S. 84 f.

ERNST STADLER (1883–1914)

58, 65 E. S.: Dichtungen. Gedichte und Übertragungen mit einer Auswahl der kleinen kritischen Schriften und Briefe. Eingel., durchges. u. erl. von Karl Ludwig Schneider. Bd. 1. Hamburg: Ellermann, 1954. (1) S. 150. (2) S. 161 f.

LUDWIG TIECK (1773–1853)

106 L. T.: Gedichte. Berlin: Reimer, 1841. S. 326.

KURT TUCHOLSKY (1890–1935)

62 K. T.: Gedichte, Lieder, Couplets. Hrsg. von Peter Langemeyer. Stuttgart: Reclam, 2006. (Reclams Universal-Bibliothek. 18391.) S. 77 f.

130 K. T.: Gesammelte Werke in zehn Bänden. Bd. 1: 1907–18. Reinbek b. Hamburg: Rowohlt, 1975. S. 271 f.

LUDWIG UHLAND (1787–1862)
19, 21, 51, 122 Uhlands Werke. 2 Bde. Bd. 1: Gedichte. Hrsg. von Ludwig Fränkel. Leipzig/Wien: Bibliographisches Institut, 1893. (1) S. 95. (2) S. 52. (3) S. 131 f. (4) S. 48 f.

BERTHOLD VIERTEL (1885–1953)
153 B. V.: Dichtungen und Dokumente. Gedichte. Prosa. Autobiographische Fragmente. Hrsg. von Ernst Ginsberg. München: Kösel, 1956. S. 36. – © Mit Genehmigung der Nachlassverwaltung Berthold Viertel vertreten durch die Gustav Kiepenheuer Bühnenvertriebs-GmbH, Berlin.

CHRISTIAN FRIEDRICH WAGNER (1835–1918)
110 Ch. F. W.: Italien in Gesängen. Stuttgart: Strecker und Schröder, 1914. S. 15.

JAN WAGNER (geb. 1971)
87 Das Gedicht. Zeitschrift für Lyrik, Essay und Kritik 21 (2013) S. 10. – Mit Genehmigung von Jan Wagner, Berlin.

JOSEF WEINHEBER (1892–1945)
107 J. W.: Sämtliche Werke. Bd. 2: Die Hauptwerke. Hrsg. von Friedrich Jenaczek. 3., durchges. und verändert. Aufl. Salzburg: Otto Müller, 1972. S. 245.

ALFRED WOLFENSTEIN (1883–1945)
64 A. W.: Bewegungen. Eine Auswahl Dichtungen von A. W. Berlin: Roderich Fechner, 1928. (Lyrik Bücherei. 2.) S. 14 f.

KARL WOLFSKEHL (1869–1948)
41 K. W.: Gesammelte Werke. Bd. 1: Dichtungen. Dramatische Dichtungen. Hrsg. von Margot Ruben und Claus Victor Bock. Hamburg: Claassen, 1960. S. 52. – © Deutsche Schillergesellschaft, Marbach am Neckar.

 CARL ZUCKMAYER (1896–1977)

20 C. Z.: Gesammelte Werke in Einzelbänden. Gedichte 1917–76. Hrsg. von Knut Beck und Maria Guttenbrunner-Zuckmayer. Frankfurt a. M.: Fischer, 1997. S. 201. – © S. Fischer Verlag GmbH, Frankfurt am Main 1997.

STEFAN ZWEIG (1881–1942)

31, 163 S. Z.: Silberne Saiten. Gedichte. Frankfurt a. M.: Fischer, 1982. (1) S. 93. (2) S. 145.

Nachwort

Sollte man blindes Vertrauen in die Reisedarstellungen der Poeten haben? Das Schreiben verklärt die Welt, verwandelt sie: es geht Dichtern nicht darum, mit geographischen Beschreibungen zu konkurrieren oder touristisch die Welt zu betrachten. Wer in Gedichten touristische oder wissenschaftliche Reisedarstellungen erwartet, muss enttäuscht werden. Die formale Knappheit eines Gedichts lässt keine ausführlichen Beschreibungen zu, wie sie Reporter, Forscher oder Reiseschriftsteller verfassen.

Der Leser kann sich nie sicher sein, wie viel Realität das Gedicht abbildet oder welchen Teil der Realität – als bewusst oder unbewusst herausgegriffene Möglichkeit – der Text vorgibt. Auch wenn manche Gedichte dokumentarische Züge aufweisen, sie bleiben ein Neuschreiben. Der Dichter weicht von der alltagssprachlichen Norm ab, nutzt die Verssprache und schafft aus einer Vielzahl sprachlicher Ausdrucksmöglichkeiten, Stilmitteln und Bildern, eine poetische Wirklichkeit.

Die Gedichte dieser Anthologie führen den Leser in unterschiedliche Gegenden: in Kulturräume wie Städte und Länder, in Naturräume wie Berglandschaften und die See oder in Imaginationsräume. Dabei zeichnen die Gedichte verschiedenartige Orte nach: Orte, die aus der Zeit fallen oder die Gegenwart bezeugen, einsame oder pulsierende Orte.

Es sind die realen oder imaginierten Blicke und Erfahrungen der Dichter, die in diesen ausgewählten Texten dargestellt werden. So vielfältig die Gedichte sind, so verschieden sind auch ihre Entstehungsbedingungen. Begibt man sich auf Spurensuche, kann man vereinzelt hinter die Kulissen der Texte schauen – Reisenotizen, Briefe und Kommentare verraten den Ursprung eines Gedichts oder die Idee dazu. Gedichte können als ein unmittelbares Verarbeiten von Eindrücken niedergeschrieben worden sein, sie können aber auch nach einer Reise aus einer Notiz entstehen oder sogar das Produkt reiner Imagination sein.

Die in dieser Anthologie versammelten Gedichte vom Zeitalter des Barock bis zur Gegenwart stellen einen literarischen Querschnitt dar, der die Vielfalt des Themas abbildet und bekannte und weniger bekannte Gedichte von Poeten verschiedener Generationen präsentiert. Um der thematischen Vielfalt des Reisens gerecht zu werden, ist es wichtig, kultur-, technik- und literaturgeschichtliche Aspekte zu berücksichtigen und miteinander in Beziehung zu setzen.

Die Anthologie ist in vier Kapitel gegliedert, die jeweils diachrone und synchrone Entwicklungen sowie strukturelle Elemente von Reisen berücksichtigen.

1) Die Gedichte des ersten Kapitels »Aufbruch« nehmen einen strukturellen Aspekt des Themas in den Blick: Abschied und Aufbruch, die den Beginn einer Reise darstellen. Die Stimmungen, die sich in dieser Situation des Abschiednehmens ausdrücken können, sind höchst unterschiedlich und von der Art der Reise geprägt: Ist es die Sehnsucht, die den Reisenden zu einem anderen Ort treibt, oder besteht eine wirtschaftliche Notwendigkeit, die Reise zu unternehmen? Hat der Reisende selbst den Entschluss gefasst zu gehen, oder wurde er dazu gezwungen? Oft werden Reisenden gute Wünsche oder Reisesegen mit auf den Weg gegeben. Die Ungewissheiten über das, was von nun an unterwegs geschehen wird, schlagen sich in Ängsten, aber auch in positiven Erwartungen nieder. Diese gemischten Gefühlslagen finden sich in den Gedichten des Kapitels »Aufbruch« wieder.

2) Der Abreise folgt die Passage, dem sich das zweite Kapitel »Unterwegssein« widmet. Das Unterwegssein gliedert sich häufig in Etappen, bevor das Reiseziel erreicht ist und der

Reisende wieder zurückkehrt. Die Formen des Unterwegsseins reichen von der Fußwanderung über die Schiffsreise bis hin zur Bahnfahrt, von der Fortbewegung mit der Kutsche, über die Fahrt mit dem Automobil bis hin zur Reise mit dem Flugzeug. Hier spiegeln sich auch technische Entwicklungen wider.

3) Die Eckpfeiler einer Reise, das zeigt auch das dritte Kapitel »Kompass«, bilden feste Orte. Die Bewegung spielt sich dazwischen ab. Beim genaueren Betrachten der Ankunft, stellt Eric J. Leed fest:

> »Es gibt keinen eindeutigen Moment der Ankunft. Jede Ankunft ist ein langwieriger Prozeß – für den Touristen eine Sache von Stunden oder Tagen, für den länger Verweilenden von Wochen oder Monaten. [...] Welcher Art die Ankunft auch sei – sie ist immer ein Prozeß der ›Identifizierung‹: Der Reisende identifiziert den Ort, und der Ort bestimmt, was für ein Reisender da vor seinen Toren steht. Die Ankunft beinhaltet gleichzeitig einen Prozeß der Inkorporierung, aus dem heraus sich ein Gefühl der Verbundenheit zwischen Individuum und Ort entwickelt.«[1]

Die Gedichte des dritten Kapitels nehmen Orte und Landschaften aller Himmelsrichtungen in den Blick und zeigen Vertrautes und Exotisches. Die Beliebtheit des Südens als Reiseziel – allen voran Italien – spiegelt sich auch in den Gedichten wider.

4) Die Gedichte des vierten Kapitels »Grenzen und Horizonte« führen an die Grenzen, die dem Reisen z. B. durch die Einschränkung der Reisefreiheit gesetzt sind, zeigen aber

1 Erich J. Leed, *Die Erfahrung der Ferne. Reisen von Gilgamesch bis zum Tourismus unserer Tage*, übers. von Hans-H. Harbort, Frankfurt / New York 1993, S. 99.

 auch, dass gerade unsere Vorstellungskraft in der Lage ist, uns immer wieder neue Horizonte zu erschließen. In den »Objektgedichten« des vierten Kapitels werden individuelle Reiseassoziationen eröffnet. Ein Reisen ohne tatsächlich zu reisen wird ebenso wie das idealisierte Reisen thematisiert. Schließlich ist es die Heimkehr, die eine Reise strukturell beendet.

Was ist eine Reise?

Nach dem *Etymologischen Wörterbuch des Deutschen,* herausgegeben vom Zentralinstitut der Sprachwissenschaft, ist eine Reise eine »Fahrt von einem Ort zu einem anderen [und] der zeitweilige Aufenthalt dort«. Das Verb ›reisen‹ leitet sich vom mittelhochdeutschen ›risen‹ ab und bedeutet, »sich von unten nach oben bewegen, steigen, sich von oben nach unten bewegen, fallen«[2].

Reisen ist dieser Definition zufolge Bewegung im Raum. Während mit der Abreise und der Ankunft feste Orte verbunden sind, kann das Unterwegssein mit Bewegung assoziiert werden. Reisen besteht also in der Wahrnehmung der Bewegung im Raum. Der Reisende wird so zum Beobachter, der – je nach Perspektive – durch die Welt zieht oder der die Welt an sich vorüberziehen lässt.

Die Poesie zeigt dabei immer wieder, dass es für das Reisen keine realen Orte braucht. Reisen in imaginierten Räumen ist auch eine Art des Reisens. Die Bewegung findet hier in Gedanken statt. Räume und Raumgestaltungen – sowohl in realen als auch in imaginären Räumen – beeinflussen die Stimmung und das Erleben des Reisenden.

2 *Etymologisches Wörterbuch des Deutschen*, erarb. von einem Autorenkollektiv des Zentralinstituts für Sprachwissenschaft unter der Leitung von Wolfgang Pfeifer, Berlin 1989, S. 1109.

Es gibt Räume, die aufgrund ihrer natürlichen Beschaffenheit keine hohen Geschwindigkeiten beim Reisen zulassen. Das Wandern findet oftmals in solchen Räumen statt: geschwungene Pfade, Waldwege und Gebirgszüge zählen zu solchen Landschaftsräumen, die langsam entdeckt werden müssen. Dagegen lassen die offene See und die bis zum Horizont geöffnete Landschaft ein schnelles Durchqueren zu – im ersten Fall mit dem Schiff, im zweiten Fall mit Bahn oder Automobil.

Losgelöst von geographischen Bestimmungen führen imaginierte Reisen den Leser auch in Traumwelten. Bereits der Titel von Kerstin Hensels (geb. 1961) Gedicht *Hochmoorsommernachtstraumreise* (S. 149) setzt die Phantasie des Lesers in Gang. Phantastische Traumbilder umfassen ihn und führen ihn zum Höhepunkt – und zugleich Ende der Traumreise: »hier wo der Augenblick gerinnt zum Glück / und wo das Glück vergeht im Augenblick –« (V. 13 f.). Durch den Chiasmus von Augenblick und Glück, der durch die antagonistischen Verben »gerinnen« bzw. »vergehen« verbunden wird, entsteht ein Ruhe- und Wendepunkt des Glück-Erlebens, der gleichsam Ziel der Reise ist.

Friedrich Schillers (1759–1805) *Rätsel aus Turandot* (S. 145), in dem ein Sehrohr imaginär den Rezipienten fortträgt, zeigt wiederum, dass die Bewegung des Blickes ausreicht, um Reisevorstellungen zu wecken.

Oft sind es einfache Dinge, die Assoziationen des Reisens wecken und die Vielfalt des Themas zeigen: Peter Neumanns (geb. 1987) *buddelschiff* (S. 148) weckt Reisegefühle, Johannes Schenks (1941–2006) *Überseekoffer* (S. 147) zeigt kindliches Erleben, und der Anblick eines Souvenirs wie in Conrad Ferdinand Meyers (1825–1898) Gedicht *Der Reisebecher* (S. 148) lässt Reiseerinnerungen erwachen.

Das Spiel mit der Imagination tritt auch im Gedicht *Böh-*

 men liegt am Meer (S. 156) auf. Auf einer Prag-Reise im Jahr 1964 begann Ingeborg Bachmann (1926–1973) das Gedicht zu verfassen. Der Titel verweist auf Shakespeares *Wintermärchen*, in dem der Dramatiker die dritte Szene des dritten Aufzugs nach »Böhmen, eine wüste Gegend am Meer« (Regieanweisung), entrückt wird. Die geographische Unbestimmtheit des Ortes schafft einen Raum, der zum Sehnsuchtsort Heimatloser werden kann (vgl. V. 13 f.). Bachmann äußerte sich zu ihrem Gedicht mit den folgenden Worten: »Es ist gerichtet an alle Menschen, weil es das Land ihrer Hoffnung ist, das sie nicht erreichen werden. Und trotzdem müssen sie hoffen, weil sie sonst nicht leben können.«[3] In Bezug auf sich selbst fügt sie noch hinzu: »Es ist das Gedicht meiner Heimkehr, nicht einer geographischen Heimkehr, sondern meiner geistigen Heimkehr, deswegen habe ich es genannt *Böhmen liegt am Meer.*«[4]

Reisen im Wandel der Zeit

So wie sich Reisemotive und Reiseziele immer wieder veränderten, veränderte sich auch die Art des Reisens im Laufe der Zeit. Ein Blick in die Kulturgeschichte des Reisens zeigt: Gereist wurde schon immer. Nomaden, Vagabunden, Gesellen, Landsknechte, Soldaten, Kreuzfahrer, Pilger, Entdecker, Händler, Bildungsreisende waren und sind unterwegs. Das touristische Reisen, woran heute zuerst gedacht wird, ist nur eine von vielen Arten des Reisens. Im Zeitalter der Globalisierung ist Reisen für uns inzwischen ein gewöhnlicher Vorgang.

Generell setzt eine Reise ein Minimum an Weg und Zeit

3 Ingeborg Bachmann, *Ein Tag wird kommen. Gespräche in Rom. Ein Portrait von Gerda Haller*, Salzburg/Wien, Jung und Jung 2004, S. 79.
4 Ebd., S. 80.

voraus. Hinzu kommt eine bestimmte auf die entsprechende Reise ausgerichtete Erwartungshaltung. Sprechen wir heute vom Reisen, so denken wir zunächst an Urlaubsreisen, die uns aus dem Alltag bringen, Erholung, Entspannung und Abwechslung bieten. Naturräume, Landschaften, Städte und Kulturen wollen entdeckt werden. Begegnungen mit fremden Menschen erweitern unsere Perspektiven, machen uns »welterfahren«. Durch das Lösen von alltäglichen Zwängen und Verpflichtungen steht Reisen eng in Verbindung zu Freiheit. Diesem freiwilligen Reisen steht das unfreiwillige Reisen gegenüber, das sich häufig im Getriebensein äußert. Sorgen und Ängste kennzeichnen dieses Reisen, das oft aus existenziellen Motiven erfolgt. Als Beispiel wäre hier das In-den-Krieg-Ziehen oder der Gang ins Exil, verbunden mit dem Wunsch der Heimkehr, zu nennen.

Reisen und Wahrnehmung

Reisen spricht alle Sinne an: wir erblicken neue Formen und Farben, nehmen exotische Gerüche wahr, hören fremde Sprachklänge. Im Wesentlichen bestimmt dabei das Sehen die Wahrnehmung. Folglich schult der Reisende seinen Sehsinn in besonderem Maße. Das trifft in gewisser Weise auch auf den Rezipienten einer literarischen Reisebeschreibung zu, da dieser die beschriebene Reise vor seinem inneren Auge neu erlebt.

Mit dem Aufkommen moderner Verkehrsmittel veränderte sich das Seherlebnis. Eine immer höhere Geschwindigkeit lenkt den Blick zwangsläufig in die Weite. Nahes verschwimmt vor den Augen.

Das Gesehene gilt als Abbildung der Realität und dient der Authentifizierung. Diese dokumentarische Eigenschaft spielt in der Fotografie eine wichtige Rolle. Bilder sind beliebte Reiseerinnerungen, gleichzeitig wird man sich hier der Ausschnitthaftigkeit bewusst. Die Poesie spielt gerne damit. Das Spiel mit der Perspektivik, mit Detail- und Panoramaaufnahmen hat Einfluss auf die Stimmung eines Gedichts und beeinflusst somit auch die Wahrnehmung des Rezipienten.

Werden die Berge von unten betrachtet, verkleinern sie den Reisenden und bestimmen durch ihre klare Begrenzung des Horizonts die Perspektive. Die beschriebene Unüberwindbarkeit von Bergen weckt Furcht und löst nicht selten mythische Assoziationen etwa zu Drachen oder anderen gezackten Ungeheuern aus.

Befindet sich der Reisende dagegen auf dem Berg, eröffnet sich ein umfassendes Panorama, Weite und Erhabenheit bis hin zum Ausdruck der Ekstase sind hier vorzufinden. Das Wahrnehmen wird zum Erlebnis, das Emotionen freisetzt. Das Gesehene löst Staunen und (Be-)Wundern aus.

Zwischen Exotik und Ernüchterung

Die Anziehungskraft des Südens bleibt über Dichtergenerationen hinweg ungebrochen. Orte wie Venedig, Rom und Capri werden lyrisch immer wieder neu verarbeitet.

Die Exotik des Westens – die Landschaft der Neuen Welt – zog Nikolaus Lenau (1802–1850) an, wie sein Gedicht *Niagara* (S. 118) zeigt. Björn Kuhligk (geb. 1975) versetzt den Reisenden im Gedicht *Volles Land* (S. 119) in eine unheimlich wirkende Umgebung: Das Indianerreservat flackert als Überbleibsel einer verschwindenden Kultur auf.

Auch der Osten Europas ist in der Lyrik immer wieder anzutreffen. Touristisch unbefleckt, changiert seine Darstellung zwischen Authentizität und Mystik. Unheimlich wirkt die Szenerie, in welche Peter Huchel (1903–1981) in seinem Gedicht *Thrakien* (S. 113) den Leser führt: Es ist die mythische

Landschaft Bulgariens, die Heimat des mythischen Sängers Orpheus.

Eine genaue Standortbestimmung nimmt Tom Schulz (geb. 1970) in seinem Gedicht *Kartographie* (S. 91) vor und führt den Leser an einen der östlichsten Orte Russlands: Kamtschatka.

Ilma Rakusa (geb. 1946) wiederum führt den Leser in ihrem Gedicht *Kairo, Altstadt* (S. 116) in das Herz der ägyptischen Metropole, wo er die Faszination einer anderen Welt durch eine Zeitreise erlebt.

Reise ohne Wiederkehr

Erich Kästner (1899–1974) deutet bereits in seinem Gedicht *Das Eisenbahngleichnis* (S. 59) eine Zeit an, die unaufhaltsam, geprägt von Orientierungs- und Ziellosigkeit, alle mitnimmt.

Der Gang ins Exil wird im 20. Jahrhundert für viele Menschen zum Unterwegssein. Assoziationen zu Reisen werden immer wieder aufgenommen, wohl wissend, dass eine Heimkehr wahrscheinlich nicht mehr erfolgen wird oder sich die Entfernung von der Heimat zu einer Sehnsucht, einem Heimweh entwickeln wird.

Das Gefühl des Zurücklassens, der Ungewissheit und drohenden Entwurzelung erfasst die Dichterin Else Lasker-Schüler (1869–1945) in ihrem Gedicht *Weltflucht* (S. 155): Für das lyrische Ich läuft alles auf eine Richtung zu – die Reise in die Innerlichkeit – »Meinwärts« (V. 13).

Die erzwungene Rastlosigkeit spiegelt Hilde Domin (1909–2006) in ihrem Gedicht *Mein Herze wir sind verreist* (S. 139) wider. Optisch unverbunden, allein im Vers steht der Name »Eurydike« (V. 4). Er verweist auf die antike Mythologie und eröffnet mythologisch konnotierte Reisevorstellungen, die von Flucht und Tod geprägt sind.

Dass Reiseerfahrungen fest zum Leben dazugehören, zeigt sich auch in unserem Sprachgebrauch: Die Reise ist Ursprung vieler sprachlicher Wendungen, Metaphern und Symbole. So ist die Rede von einer Lebensreise, die Reise in das Jenseits als Umschreibung für den Tod.

In der Lyrik wird das Reisen zwangsläufig zum Symbol. Nach dem *Lexikon Literarischer Symbole* sind für die Symbolbildung der Reise die folgenden Elemente relevant: die Struktur der Reise in ihrer Abfolge von Aufbruch, Weg in Etappen, Ziel und Rückkehr; die Grenzüberschreitungen, die mit der Reise einhergehen; die Verknüpfung von Reisen und Schreiben im Reisetagebuch oder Reisebericht.[5]

Besonders bei der Reiseform der Pilgerreise ist der symbolische Wert essentiell. Es geht nicht um die räumliche Entfernung, sondern um eine spirituelle. Der zurückgelegte Weg stellt für den Pilger ein »zu sich selbst Kommen« dar.

Kultur-literarisches Zusammenspiel in der Geschichte des lyrischen Reisens

Im barocken Gedicht ist das Reisen ein Thema, das als Metapher des Getriebenseins und der Sehnsucht nach dem Jenseits immer wieder auftritt. Die im Barock beliebte Schiffsmetapher, die eine Lebensfahrt versinnbildlichen soll, verwendet Andreas Gryphius (1616–1664) in seinem Gedicht *An die Welt* (S. 162). Reisen versinnbildlicht dabei die tiefe Sehnsucht nach dem Mystischen und Göttlichen. In diesem Kontext ist auch Gryphius' Gedicht *Andenken eines auf der See ausgestandenen gefährlichen Sturms* (S. 76) zu sehen.

5 Vgl. *Metzler Lexikon literarischer Symbole*, hrsg. von Günter Butzer und Joachim Jacob, Stuttgart/Weimar 2008, S. 294–297.

Eine Besonderheit bildet die Lyrik Paul Flemings (1609–1640), die auf eine Handelsmission und Expedition nach Russland und Persien zurückgeht. Fleming begleitete als Mitglied die holsteinische Gesandtschaft des Herzogs Friedrich III. von Gottorf. Die sechsjährige Reise (1633–39) erlebte er als schmerzvolle Trennung von seiner jungen Liebe zu einer Kaufmannstochter in Reval, aber auch als strapaziös und gefahrvoll. Sein Gedicht *Mach nun die Focke voll und schwängre den Meisan* (S. 73) nennt ein Datum sowie geographische Bezugspunkte, die eine Verbindung zu realen Ereignissen vermuten lassen – ein moderner Deutungsansatz liegt nahe, dennoch müssen die lyrische Subjektivität und das literarische Erleben im Kontext der hier beschriebenen barocken Grundstruktur gesehen werden.

Als Grundstein für den modernen Tourismus kann kulturgeschichtlich die *grand tour*, wie sie seit dem 17. Jahrhundert von jungen Adligen unternommen wurde, angesehen werden. Beeinflusst durch die früheren Traditionen der ritterlichen Reise und der Gelehrtenwanderung, sollen junge Adelige eine Reise unternehmen, um andere Höfe kennenzulernen, fremde Länder zu erkunden, neue Sprachen zu lernen und ein breit aufgefächertes Allgemeinwissen zu erwerben. Die Begegnung mit dem Fremden sollte zur Ausbildung der eigenen Fähigkeiten dienen. Im 18. Jahrhundert entwickelte sich aus der Grand Tour mit dem Einhergehen gesellschaftlicher Veränderungen die bürgerliche Bildungsreise.

In Johann Heinrich Zedlers *Universal-Lexicon* aus der ersten Hälfte des 18. Jahrhunderts werden 91 »höchst nützliche Regeln«[6] für den Reisenden zur Vorbereitung und Durchführung einer Reise aufgestellt. Es wird auf Gefahren hingewie-

6 Johann Heinrich Zedler, *Grosses vollständiges Universal-Lexicon aller Wissenschaften und Künste*, Bd. 31, Leipzig/Halle 1742, S. 366–385, S. 367.

 sen wie ungünstige Wetterlagen, Reisekrankheiten, Räuberbanden und korrupte Zöllner oder das Sich-Verirren. Gleichzeitig werden dem Reisenden Regeln für das richtige Verhalten in der Fremde mit auf den Weg gegeben. Reisen blieb lange Zeit unbequem. Schlechte Straßenverhältnisse und Unsicherheiten machten Reisen zu einer Zumutung.

Italien ist für deutschsprachige Literaten und Künstler das Reise- und Sehnsuchtsland. Als solches beschreibt es auch Johann Wolfgang Goethe (1749–1832)in seinem berühmten Gedicht *Kennst du das Land? wo die Zitronen blühn* (S. 29). Der kürzeste Weg nach Italien führt über die Alpen, die als bedrohlich empfunden werden. So heißt es auch in der letzten Strophe von Goethes Gedicht:

> Kennst du den Berg, und seinen Wolkensteg?
> Das Maultier sucht im Nebel seinen Weg;
> In Höhlen wohnt der Drachen alte Brut;
> Es stürzt der Fels und über ihn die Flut. (V. 15–18)

Dieses traditionsbildende Landschaftserlebnis der Alpen setzt sich in Joseph von Eichendorffs (1788–1857) Gedicht *Es schienen so golden die Sterne* (S. 28) fort. Zwei junge, wandernde Gesellen drücken dieses Erleben als Lied aus und singen:

> Von schwindelnden Felsenschlüften,
> Wo die Wälder rauschen so sacht,
> Von Quellen, die von den Klüften
> Sich stürzen in die Waldesnacht. (V. 13–16)

Und Hugo von Hofmannsthal (1874–1929) nimmt dieses Bild rund hundert Jahre später wieder zu Beginn seines *Reiselieds* (S. 47) auf:

Wasser stürzt, uns zu verschlingen,
Rollt der Fels, uns zu erschlagen,
Kommen schon auf starken Schwingen
Vögel her, uns fortzutragen. (V. 1–4)

Das Wechselspiel von Selbst- und Fremderfahrung stellt in Bildungs- und Entwicklungsromanen wie Goethes *Wilhelm Meisters Lehr- und Wanderjahren* eine neue Ausrichtung der Reise dar. Ausgehend von diesen Romanen über die »Italienische Reise« zeigt Goethe in seinem Gedichtzyklus *Römische Elegien* das Aufgehen des Italientraums in dem Ziel, Natur und Kultur, Befreiendes und Bindendes zu erleben. In der fünften Elegie heißt es:

Froh empfind ich mich nun auf klassischen Boden begeistert,
Vor- und Mitwelt spricht lauter und reizender mir.
Hier befolg ich den Rat, durchblättre die Werke der Alten
Mit geschäftiger Hand, täglich mit neuem Genuss. (V. 1–4)[7]

Im Gespräch vom 9. Oktober 1828 mit Johann Peter Eckermann resümiert Goethe:

»Ja ich kann sagen, dass ich nur in *Rom* empfunden habe, was eigentlich ein Mensch sei. – Zu dieser Höhe, diesem Glück bin ich später nie wieder gekommen; ich bin, mit meinem Zustande in Rom verglichen, eigentlich nachher nie wieder froh geworden.«[8]

7 Johann Wolfgang Goethe, *Gedichte 1800–1832*, hrsg. von Karl Eibl, Frankfurt a. M. 1988, S. 157.

8 Johann Peter Eckermann, *Gespräche mit Goethe in den letzten Jahren seines Lebens*, hrsg. von Otto Schönberg, Stuttgart 1994, S. 298.

 Für viele Künstler des 18. Jahrhunderts war das Hauptreiseziel Italien; ein Aufenthalt in Rom bildete oftmals einen Reisehöhepunkt.

Zu dieser Zeit war es gerade die junge Generation, die die Fußwanderung neu für sich entdeckte. Zu Beginn des 19. Jahrhunderts unternimmt Johann Gottfried Seume (1763–1810) seinen berühmten Spaziergang nach Syrakus. Seine Fußwanderung kann als eine gewagte Unternehmung angesehen werden: Er wandert nach Sizilien über Dresden, Prag, Wien, Graz, Ljubljana, Triest, Venedig, Bologna, Ancona, Rom und Neapel. Auf dem Rückweg über Neapel, Rom und Mailand überquert er am St. Gotthard die Alpen, macht einen Abstecher nach Paris und kommt über Straßburg, Mainz und Frankfurt Ende August 1802 wieder in Leipzig an. Über das Zufußgehen bemerkt Seume: »Wer geht, sieht im Durchschnitt anthropologisch und kosmisch [von der Welt] mehr, als wer fährt.«[9] Die Bedeutung des Gehens fasst er wie folgt zusammen: »Ich halte den Gang für das Ehrenvollste und Selbstständigste im Manne, und bin der Meinung, dass alles besser gehen würde, wenn man mehr ginge. […] Fahren zeigt Ohnmacht, Gehen Kraft.«[10]

Im 19. Jahrhundert gerät die Landschaft verstärkt in den Fokus der Reisegedichte. Wanderschaft, Sehnsucht und Traum – Heimat und Ferne – wilde Unberührtheit und Zuflucht sind dabei die zentralen Themen und Motive der literarischen Romantik. Der Reisende ist ein in der Ferne ständig Suchender nach einer Einheit und Glück verheißenden Welt. Die Romantiker schrieben ihre Seelen- und Gemütszustände in die Landschaften ein. So gestalten sie schroffe, schaurig, erhabe-

9 Johann Gottfried Seume, *Mein Sommer 1805. Reisejournal*, in: J. G. S., *Sämmtliche Werke*, hrsg. von Adolf Wagner, Leipzig 1873, S. 201.

10 Ebd.

ne, grazile oder malerische Landschaften. Das Reisen wird zu einer inneren Reise. Die Gedichte Eichendorffs bilden die romantische Reise in ihrer sehnsuchtsvollen Suche ab.

In der romantischen Dichtung ist der Volksliedton beliebt. Charakteristisch hierfür sind die Gedichte *Der Lindenbaum* (S. 48) aus Wilhelm Müllers (1794–1827) Gedichtzyklus *Die Winterreise* und *Wanderschaft* (S. 50) aus seinem Zyklus *Die schöne Müllerin*. Durch Vertonungen, etwa von Franz Schubert, sind diese Gedichte bis in unsere Zeit präsent.

Das Sehnsuchtsland, aber auch Reiseland der Dichter blieb im 19. Jahrhundert weiterhin Italien. Vielfach besang August von Platen (1796–1835) in kleineren Dichtungen Italiens Städte und die Kunst. Er durchzog das Land ruhelos. Im Herbst 1824 reiste er erstmals nach Venedig. Dort entstehen 1825 die *Sonette aus Venedig*, die eine bis in die Gegenwart hineinreichende Tradition von Italien-Sonetten begründen. Im ersten Sonett aus Venedig (S. 105) wird die Ankunft des lyrischen Ich in der Lagunenstadt beschrieben. Architektonisch markante Orte, stilisierte Venedigbilder wie die Säulengänge des Dogenpalasts, die Seufzerbrücke, der Markusplatz und der geflügelte Löwe, werden nacheinander aufgeführt, bevor das lyrische Ich, zögerlich fragend, den zentralen Ort der Stadt, den Markusplatz, betreten wird.

Der »entlaufene Romantiker« Heinrich Heine (1797–1856), der mit von Platen literarische Feindseligkeiten austauschte, hatte kein einfaches Verhältnis zu Deutschland. Er bereiste u. a. England, Italien, aber auch Deutschland. Seine *Reisebilder* können als Grundstein für den modernen Feuilletonismus betrachtet werden. Heine legte seine Eindrücke von der Fußreise durch den Harz in einem Reisebericht nieder. Darin befindet sich auch das Gedicht *Auf dem Brocken* (S. 127). Sein Gedicht *Wo wird einst des Wandermüden?* (S. 57) greift die Wanderung als Bild für das Leben auf. Das mühsame Umherstreifen, das mehrfache Fragen nach dem Ort der letzen Ruhestätte – hier kontrastierend in Nord – Süd, Wüste – Meer – führt den Wanderer abschließend – untermauert durch den Ausspruch »Immerhin!« (V. 9) zu Gott.

So wie immer wieder Gedichte mit naturlyrischen Klängen in diese Anthologie Eingang gefunden haben, ist auch die Liebe immer wieder anzutreffen. Ein schönes Beispiel hierfür ist das Gedicht *Früh im Wagen* (S. 67) von Eduard Mörike (1804–1875). In der transitorischen Situation des Morgengrauens kommt durch die beschriebene Lichtveränderung gleich zu Beginn Bewegung in das Gedicht: das gleichzeitige Auftreten von »Morgenstern« (V. 6) und »volle[m] Mond« (V. 8) in der zweiten Strophe markiert einen besonderen Augenblick des Tagesanbruchs. Aufgefordert durch den Doppelpunkt am Ende der zweiten Strophe setzt der Blick des lyrischen Ich ein, zunächst nach vorne, dem Tag entgegen gerichtet, dann nach innen gekehrt, in Erinnerung an die Nacht mit der Geliebten. Diese Versunkenheit wird durch das Erscheinen der Sonne in der letzten Strophe und das abrupte »Nu« (V. 22) beendet: das lyrische Ich wird von einem »Schauer« berührt« (V. 24). Zeitlichkeit und Räumlichkeit, reales Vorankommen, gedankliches Erinnern kreuzen sich in diesem Gedicht.

Reisen im Zeitalter des technischen Fortschritts

Der moderne Tourismus erhält durch den technischen Fortschritt vor allem gegen Mitte des 19. Jahrhunderts einen Entwicklungsschub. Eisenbahn und Dampfschiff setzen neue Maßstäbe. Immer mehr Reisende können nun immer einfacher und immer schneller unterwegs sein. Mit der zunehmenden Geschwindigkeit verändert sich das Raum- und Zeitempfinden: Es kommt zu einer neuen Wahrnehmung von Geschwindigkeit, die von nun an zu einem neuen Merkmal der Moderne wird.

Reisen bleibt weiterhin ein beliebtes Thema und Motiv in der Lyrik. Allerdings sinkt die Zahl der Wandergedichte, während die Zahl der Gedichte, die vom Reisen mit der Eisenbahn handeln, steigt.

Eindrucksvoll schildert Louise von Plönnies (1803–1872) in ihrem Gedicht *Auf der Eisenbahn* (S. 61) die atemberaubende Geschwindigkeit des modernen Verkehrsmittels. Vers an Vers, ohne Strophengliederung nimmt der »Rasche [] Blitz« (V. 1) mit dem lyrischen Ich »pfeilschnell« (V. 2) die Fahrt auf. Die folgenden parallel gestalteten Verse scheinen durch die Voranstellung der adjektivisch gebrauchten Partizipien »sausend« (V. 3), »brausend« (V. 4) »donnernd« (V. 5), »blitzend« (V. 6) geradezu über den Leser hinwegzuschießen. Das fünfmalig anaphorisch auftretende »durch« in den folgenden Versen und die Kontrastierungen von Tag und Nacht (V. 3 f.) sowie Berg und Tal (V. 7 f.) verstärken diesen Eindruck.

Atmosphärisch spannungsvoll fängt Ernst Stadler (1883–1914) in seinem Gedicht *Bahnhöfe* (S. 58) die Aufbruchsstimmung ein. Der Tiervergleich (»Und der wilde Atem der Maschine, die wie ein Tier auf der Flucht«, V. 11 f.), die kühle, metallene Farbgebung und das laute Getöse lassen nichts Gutes erahnen. Unbehaglich bleibt die Stimmung auch in seinem Gedicht *Fahrt über die Kölner Rheinbrücke bei Nacht* (S. 65).

Das Erleben von Geschwindigkeit mit der Eisenbahn, die sich technisch weiterentwickelt, bleibt auch im 20. Jahrhundert ein beliebtes Thema. So beschreibt Alfred Wolfenstein (1883–1945) in seinem Gedicht *Fahrt* (S. 64) das Unterwegssein mit einem D-Zug. Die Geschwindigkeit löst Konturen auf »Gebirge gleiten / In Wellen unsrer Schnelligkeiten!«

 (V. 11 f.) und erlebt ihren Höhepunkt im »Flug« (V. 18), im »Sternenreigen« (V. 24). Die Nennung der Reimwörter ›sausen‹ und ›brausen‹ sowie verkürzte Auslassungszeichen (»..« statt »...«) in der Typographie des Textes veranschaulichen lautlich und optisch dieses Phänomen.

Lutz Rathenow (geb. 1952) bringt den ICE ins Gedicht. Die Faszination der Geschwindigkeit scheint in *Deutschland im ICE* (S. 66) auf den ersten Blick unspektakulär zu sein. Die Szenerie im Speisewagen lässt dies vermuten. Doch kürzeste, elliptisch gefasste Aussagen, in kurzatmiger Punktsetzung getaktet, wirken diesem Eindruck entgegen. »Blitzschnell Sonne. Deutschland im ICE« (V. 14) ist mehr als die Beschreibung einer Fahrt quer durchs Land. Die im Gedicht aufeinanderfolgenden Städte Koblenz, Konstanz, Köln zeigen schon in ihrer Geographie, dass es nicht um eine kontinuierliche Fahrt geht. Die hart anlautenden Konsonanten verhindern wie schon die Syntax ein ruhiges Fließen des Textes. Durch die abschließende Beschreibung der Reisegemeinschaft zeichnet das Gedicht zudem ein Gesellschaftsbild.

Die Geburt der Luftfahrt im 20. Jahrhundert verstärkt das Phänomen der Geschwindigkeitssteigerung noch weiter. Die erzielten Fortschritte sind spektakulär, die Länder und Kontinente rückten weiter zusammen.

Im vorangegangenen Jahrhundert waren die ersten Versuche der Luftfahrt mit dem Ballon und später mit dem Zeppelin eine Sensation für die Menschen. Aus heutiger Sicht jedoch erscheint die Fortbewegung des »Luftschiffers« aus Karoline von Günderrodes (1780–1806) gleichnamigen Gedicht (S. 78) geradezu gemächlich. Die Fahrt gleicht einer phantastischen Träumerei, aus der der Luftschiffer jäh herausgerissen wird. Die Ausrufe zu Beginn der Strophen zwei und drei (»Aber ach!«, V. 13; »Wehe!«, V. 17) verstärken dies. Die Schwerkraft zieht den Luftschiffer zu Boden. Die letzte Strophe mahnt und erinnert das Individuum an die Konventionen der Gesellschaft.

Bertolt Brecht (1898–1956) entwickelt in seinem Gedicht *Bericht vom Fliegen* (S. 79) das Unterwegssein in den Lüften weiter. Immer höher, immer weiter lässt die Technik den Menschen in die Luft aufsteigen. Doch auch hier wird eine Grenze aufgezeigt: Die Verwendung des Perfekts »Aber wir haben uns erhoben« (V. 17) weist auf eine abgeschlossene Handlung hin – doch dem »Mögliche[n]« folgt noch etwas: »das Unerreichbare« (V. 21–23).

Das Reisesymbol erlebt im 20. Jahrhundert zugleich den Wandel wieder hin zur Innerlichkeit. Durch das Zugänglichmachen entlegener Orte für jeden treten an die Stelle der Faszination, des Reizes des Exotischen und Fremden eine gewisse Ernüchterung und Gleichgültigkeit. Eine radikal andere Welt ist in der Regel nicht mehr zu finden.

In Wolfgang Opplers (geb. 1956) Gedicht *Miles & More* (S. 82) tritt der Reisende als »rastloser Krisenmanager« (V. 1) auf. In freien Rhythmen werden die Aufzählungen von Ortsnamen und Flugzeugtypen fast belanglos und ereignislos aneinandergereiht. Trocken steht am Ende die bittere Erkenntnis des Scheiterns im vermeintlich Kleinen.

Karin Kiwus' (geb. 1942) Gedicht *Freie Fahrt* (S. 80 f.) richtet sich mit dem Appellcharakter der rhetorischen Suggestivfragen an den Leser (»Sind wir nicht selbstverständlich sicher gestartet auf jeder Bahn?, V. 1 f.). Es wird zum Handeln aufgerufen, zu einem Zurück und In-sich-Kehren – den Blick auf unseren Ursprung gerichtet. Metaphorisch können wir nun das wahre Abheben zum Flug erleben.

Ein Blick in die jüngere deutsche Geschichte zeigt, dass ein Reisewunsch an politischen Überzeugungen und Ideologien abprallen kann. Die innerdeutsche Teilung wirkte sich auf das Reisen aus. Während in der BRD ein Reiseboom einsetzte – der Süden war für viele das Ziel –, wurde die Reisefreiheit in der DDR politisch stark eingeschränkt. Individuelle Ziele und Wünsche waren dort nicht für jeden zu erreichen. Die geschlossene Welt fand u. a. ihren Ausdruck in Wolf Biermanns Lied *All unsre großen Reisen*, worin es heißt: »All unsre großen Reisen / Enden schon auf dem Kissen da / Im großen Fenster zur Straße raus«.[11]

Auch Richard Pietraß' (geb. 1946) *Liegewagen* (S. 151 f.) thematisiert auf den ersten Blick erheiternd, die zeitlichen Umstände erkennend, aber auch ernst, eine Reise in Gedanken. Es ist nicht die physische Bewegung, sondern die gedankliche, von der der Reisende bewegt wird.

Ungewissheit und innere Unruhe prägen das lyrische Ich in Volker Brauns (geb. 1939) *Tagtraum* (S. 150), das den Stillstand »[i]m Niemandslande zwischen den Grenzen« (V. 1) beschreibt, eine Bewegung nach vorne kann nur durch eine Ahnung des lyrischen Ich angedeutet werden (vgl. V. 24).

Reisevergnügen, Tourismus und Tourismuskritik

Die Welt verändert nicht nur den Reisenden, der Reisende verändert auch die Welt. Anfang des 20. Jahrhunderts beklagt Stefan Zweig (1881–1942) in seinem Essay »Die Monotonisierung der Welt« die Eintönigkeit, die das Reisen immer mehr bestimmt.

11 Wolf Biermann, *Alle Lieder*, Köln 1991, S. 126 f.

Mit der Globalisierung schwindet die Exotik fremder Orte, und der Reisende erfährt zunehmend aus dem Alltag bereits Bekanntes. Davon zeugen die Belanglosigkeit und Austauschbarkeit der Kartengrüße aus dem Urlaub (vgl. Peter Salomons *Vorübergehende Entfernung*, S. 129), die ad absurdum führende Bildungsreise (vgl. Hans Magnus Enzensbergers *bildungsreise*, S. 131) oder das Durchschleusen der Reisenden beim Besuch von Tourismusmagneten wie dem Eiffelturm, der selbst zum sinnentwerteten Objekt vermarktet wird (vgl. Dieter Hoffmanns *Auf dem Eiffelturm*, S. 132). Das Souvenir wird dabei zum gewöhnlichen Objekt, immer und jederzeit verfügbar.

Das Immer-Mehr, Immer-Weiter übersteigt das real Fassbare: der Schlussvers »irgendwas, das nicht in den schrank passt« eröffnet entsprechend eine nüchterne Leere, mit der der Sprecher des postmodernen Gedichts *kolibri/hamburg* (S. 134) von Rike Scheffler (geb. 1985) den Leser konfrontiert.

Was bleibt, wenn alles gesehen ist, wenn Neugierde zur Reisemüdigkeit wird?

Humorvoll wird diese Frage in Theodor Fontanes (1819–1898) Gedicht *Meine Reiselust* (S. 124 f.) beantwortet, das in zwei Strophenblöcken ein Früher und Jetzt gegenüberstellt. Getrieben von maximaler Reiselust, bereichern im ersten Teil des Gedichts exotische Orte und fremde Völker das Ich. Im zweiten Teil hält sich das Ich dagegen im beschränkten Radius des Wohnumfelds auf – die Neugierde auf die Welt ist gestillt. Scherzhaft müssen im Jetzt als nun größtes Reiseabenteuer die »fünfundsiebzig« (V. 30) zur Wohnung führenden Stufen bezwungen werden.

Durch das Reisen lernen wir die Heimat zu schätzen. Und

 so kann die Bedeutung der Heimat erst durch Erfahrungen in der Fremde erfasst werden. Fontane schrieb hierzu:

»›Erst die Fremde lehrt uns, was wir an der Heimat besitzen.‹ Das habe ich an mir selber erfahren, und die ersten Anregungen zu diesen *Wanderungen durch die Mark* sind mir auf Streifereien in der Fremde gekommen. Die Anregungen wurden Wunsch, der Wunsch wurde Entschluss.«[12]

Die beiden Schlussverse von Fontanes kurzem Gedichts *Welches von beiden* (S. 128) resümieren diese Beobachtung: »Lockt auch Fremde, Schönheit, Pracht – / Glücklicher hat mich die Heimat gemacht« (V. 7 f.).

12 Theodor Fontane, *Wanderung durch die Mark Brandenburg*, Berlin/Weimar 1991, S. 5.

Gedichtüberschriften und -anfänge